Das ELIXIR
für Eltern hochbegabter Kinder
Worauf es wirklich ankommt

Andrea Hüther, Barbara Saring, Sonja Kaesen

Das ELIXIR für Eltern hochbegabter Kinder
Worauf es wirklich ankommt

© 2020 Andrea Hüther, Barbara Saring, Sonja Kaesen
Illustrationen: Nina Binder
Umschlagabbildung: © katyaulitina/Depositphotos.com
Lektorat: Silke Kleemann

Herstellung und Verlag: BoD – Books on Demand, Norderstedt
ISBN: 9783751917636

Bibliografische Information der Deutschen Nationalbibliothek:
Die Deutsche Nationalbibliothek verzeichnet diese Publikation in der Deutschen Nationalbibliografie; detaillierte bibliografische Daten sind im Internet über http://dnb.d-nb.de abrufbar.

Aus Gründen der besseren Lesbarkeit wird bei Personenbezeichnungen und personenbezogenen Hauptwörtern in diesem Buch die männliche Form verwendet. Entsprechende Begriffe gelten im Sinne der Gleichbehandlung grundsätzlich für alle Geschlechter. Die verkürzte Sprachform hat nur redaktionelle Gründe und beinhaltet keine Wertung.

Inhaltsverzeichnis

Einleitung

Sollten wir hochbegabte Kinder eigentlich anders erziehen?

Die Antwort darauf lautet „Ja" und „Nein" zugleich. In diesem Buch erfahren Sie als Eltern, welches die wirklich essentiellen Weichenstellungen sind, um Ihr hochbegabtes Kind in ein glückliches, sinnerfülltes Leben zu begleiten!

Im Laufe ihrer langjährigen Beratungstätigkeit sind den Autorinnen Hunderte von Elternfragen rund um das Thema Hochbegabung begegnet. Aus ihnen wurde dieses Buch entwickelt.

Eine typische Frage von Eltern ist: „Warum zeigt mein Kind trotz hoher Begabung schlechte Schulleistungen?" Eltern mit Kindern in einer solchen, als *Underachievement* bezeichneten, Situation suchen oftmals leider erst spät eine Beratung auf. Die Jugendlichen sind schon 12 bis 17 Jahre alt, der Weg zurück in ein zufriedenes Schulleben gestaltet sich dann häufig langwierig. Wer hingegen schon früh wichtige Informationen erhält, kann sein Kind bewusster begleiten, seine ganzheitliche Entwicklung fördern und auch einer möglichen schulischen Minderleistung gut vorbauen. Auch zu anderen Fragestellungen wie soziale Integration, Motorik oder intellektuelle und emotionale Förderung erhalten Sie in diesem Werk zahlreiche vorbeugende Tipps, um Probleme erst gar nicht entstehen zu lassen.

Sie halten ein Buch in Händen, das in besonderer Weise die Perspektiven und das Expertenwissen dreier Autorinnen vereint. Erstens die Hochbegabung aus Sicht der Psychologin, zweitens die erfolgreiche Arbeit mit hochbegabten Minderleistern (Underachievern) und drittens die langjährige Beratungstätigkeit für Eltern hochbegabter Kinder. Entstanden ist ein außergewöhnlicher Ratgeber aus der Praxis für die Praxis. Als Leitfaden und Frühwarnsystem wird er Sie sicher durch die frühen Erziehungsjahre geleiten.

Die einzelnen Kapitel dieses Buches sind in sich abgeschlossen. Springen Sie in die Abschnitte hinein, die für Ihre Familie von besonderer Bedeutung sind. Und schenken Sie im Anschluss auch allen anderen Kapiteln Ihre Aufmerksamkeit. Dann werden Sie mit dem ELIXIR Ihre hochbegabten Kinder gelassener und „weiser" erziehen können!

München, im April 2020　　　　　　Andrea Hüther, Barbara Saring, Sonja Kaesen

Die soziale Entwicklung

Soziale Netzwerke aufbauen

„Bin ich irgendwie anders?", fragen sich hochbegabte Kinder, wenn sie sich in großen Gruppen nicht so wohl fühlen oder lieber Kontakt zu Erwachsenen als zu gleichaltrigen Spielgefährten suchen.

Immer wieder hören wir von Eltern Aussagen wie „Mein Kind findet einfach keine Freunde", „Mein Kind ist Außenseiter in der Klasse" oder „Mein Kind verbringt die Nachmittage nur noch in seinem Zimmer".

Ursache hierfür kann sein, dass die typischen Aktivitäten vieler Gruppen mit den Interessen und Fähigkeiten hochbegabter Kinder nicht zusammenpassen. Falls Ihr Sohn also kein Interesse und Talent für Fußball zeigt, ist das eher typisch für ein hochbegabtes Kind und bei weitem kein Manko. Gerade sehr sensible Kinder empfinden auch das Klima in manchen Gruppen als unangenehm, da eventuell der Umgangston sehr rau ist oder die Aktivitäten zu wenig vorhersehbar und kontrollierbar sind.

Aber was tun? Denn wir wissen alle, dass im späteren Berufsleben soziale Kompetenzen unabdingbar sind und jedes Kind soziale Umgangsformen erlernen muss. Außerdem sind soziale Netzwerke erfahrungsgemäß ein hervorragender Schutz gegen Mobbing!

Ideale Gruppen sollten möglichst klein sein und über einen geordneten, vorhersehbaren Ablauf der Gruppenaktivitäten verfügen. Und den Interessen der Kinder sollten sie nach Möglichkeit auch entgegenkommen.

Wie finden Sie solche Gruppen?
➢ Informieren Sie sich bei Hilfsorganisationen wie Bund Naturschutz, Rotes Kreuz, Feuerwehr … über Möglichkeiten für Kinder/Jugendliche.
➢ Für Kinder, die gerne in der Natur unterwegs sind, prüfen Sie Jugendgruppen/Kletterkurse bei Organisationen wie dem Deutschen Alpenverein, Pfadfinder …
➢ Für kirchlich interessierte Kinder kommen Ministrantengruppen und andere Jugendgruppen kirchlicher Träger in Betracht.

- Für sozial engagierte Kinder eignet sich die Mitarbeit in der Integration von Flüchtlingen.
- Musikalische Kinder fühlen sich oftmals in Orchestern, Musikensembles oder Chören sehr wohl.
- Ältere Schüler können über Ferienprogramme wie die Junior- oder Schülerakademien, Mathecamps o.ä. Netzwerke aufbauen.
- Politisch interessierte Kinder finden oftmals Anschluss in Jugendorganisationen von Parteien.
- Tauschen Sie sich bei Elterntreffen von Begabtenfördervereinen aus, ob es lokale Angebote gibt, die für hochbegabte Kinder besonders gut passen (z.B. einen Programmierclub vor Ort)

Spielkameraden finden

Kinder brauchen andere Kinder um sich gut zu entwickeln. Erwachsene haben, ebenso wie deutlich ältere Kinder, einen Kompetenzvorsprung im sozialen Bereich. Das heißt, Konflikte werden nicht so unmittelbar ausgetragen wie mit den Altersgenossen, die auch manchmal zuschlagen. Die Begegnung erfolgt nicht auf derselben Ebene.

Ihr Kind sollte die Gelegenheit haben, unter Gleichaltrigen, also auch Gleichrangigen, über Spielmöglichkeiten zu verhandeln, seine Kraft und verschiedene Rollen zu erproben und sich so neue Kompetenzen zu erschließen. Nur dadurch kann das Kind sich als zugehörig erfahren. Konflikte gehören ebenfalls dazu und entstehen oft daraus, dass jeder der gleichaltrigen Spielpartner den Spielverlauf bestimmen möchte. In solchen Situationen wird Kompromissfähigkeit und Verhandlungsgeschick erlernt.

Auch der Umgang mit jüngeren Kindern ist für die kindliche Entwicklung sehr hilfreich. Hier übernehmen die Älteren Verantwortung und alle können Sozialverhalten und Kooperation trainieren.

Das bedeutet nicht, dass sich die hochbegabten Kinder nicht an die etwas älteren Kinder anschließen sollten. Hier gibt es oft eine bessere Passung, beispielsweise im sprachlichen Bereich oder von den Interessen her, obwohl auch diese in den seltensten Fällen ganz ideal ist. Die intellektuell besonders begabten Kinder müssen sich im Zusammenspiel mit den Älteren in manchen Bereichen auf die Zehenspitzen stellen, um mitzuhalten. Dies betrifft oft die körperliche oder die sozio-emotionale Entwicklung. Manchmal können sich die jungen hochbegabten Kinder noch nicht so gut behaupten, oder sie können bei körperlichen Spielen kräftemäßig noch nicht mithalten.

Das können Sie tun, um den Kontakt mit Gleichaltrigen zu unterstützen:
➢ Selber Kinder einladen und auf Ausflüge mitnehmen.
➢ Eigene Freundschaften pflegen und die Freundschaften der Kinder wertschätzen und ermöglichen.

- Passende Freizeitangebote wählen, wenn das Kind in der Schule keine Freunde findet (zum Beispiel: selbst Radio machen, Ferienfahrten, Pfadfinder, Wasserwacht, Erlebnispädagogik)
- Ähnlich interessierte Freunde suchen, etwa über die Begabtenfördervereine.
- Kinder beim Umgang mit Absagen unterstützen. Schlagen Sie vor, mehrere Kinder anzurufen, eines wird schon Zeit haben.
- Mit dem Kind über „Besserwisserei" diskutieren. Wie fühlt sich das andere Kind, wenn es dauernd berichtigt wird?

Empathie entwickeln

Wenn wir als Erwachsene an wichtige Erlebnisse unseres Lebens, wie beispielsweise an die eigene Hochzeit oder an Abschlussfeiern zurückdenken, dann erkennen wir, dass die meisten davon mit anderen Menschen zu tun hatten. Wir alle leben in sozialen Bezügen, die emotionale Intelligenz ist deshalb ebenso wichtig wie die kognitive.

Unsere Kinder haben das Bedürfnis, außerhalb der Familie Freunde zu finden und dazu-zu-gehören. Damit dies gelingt, benötigt das Kind zunächst einen guten Kontakt mit sich selbst, insbesondere mit den eigenen Gefühlen. Daneben braucht es die Fähigkeit zur Einfühlung und zur Übernahme der Perspektive von anderen Menschen. Im Gehirn gibt es die sogenannten „Spiegelneuronen", welche bewirken, dass wir mit anderen Menschen mitfühlen können. Dies gelingt manchen Menschen sehr gut, anderen weniger.

Empathie kann jedoch trainiert werden. Eine Schlüsselfrage, die Eltern ihren Kindern stellen können, ist: „Wie hat sich das andere Kind gefühlt, als du … gemacht oder gesagt hast? Wie wäre es für dich, wenn jemand bei dir … macht oder … zu dir sagt?" Gerade auch bei besonders rechthaberischen Kindern oder bei „Besserwissern" hilft diese Frage oft, denn niemand ist besonders froh darüber, wenn er von einem anderen belehrt wird, dass er Unrecht hat.

Sie als Eltern sind Vorbilder, sowohl für den Umgang mit den Mitmenschen als auch dafür, wie man freundlich und dennoch bestimmt Grenzen setzen kann.

Ohne die Fähigkeit, Grenzen zu setzen, gelingen erfüllte Freundschaften meist nicht. Das Kind zieht sich dann zurück und beklagt, dass die Freundschaft ihm keine Freude macht. Hier muss das Kind erlernen, eigene Bedürfnisse auszudrücken und sich aktiver in die Freundschaft einzubringen.

Im anderen Extrem, wenn ein Kind sehr dominant ist und ausschließlich bestimmen möchte, wenden sich oft die anderen Kinder ab. Hier hilft es sehr, wenn das Kind erlernt, sich beim Bestimmen mit anderen abzuwechseln, oder wenn es merkt, dass neue Ideen und Impulse von Seiten der Freunde auch eine Bereicherung für das Spiel sein können.

Tipps für Kinder (und Erwachsene, denn diese sind Vorbilder) zum Herstellen von gutem Kontakt:

➤ Finde gemeinsame Interessen und Themen.

➤ Gehe den ersten Schritt.

➤ Erzähle von dir, sei ehrlich und offen.

➤ Stelle dir einmal vor, wie es wäre, dein Freund zu sein, in seiner Haut zu stecken.

➤ Interessiere dich für neue Themen.

➤ Wechsel dich beim Bestimmen ab, so lernst du neue Spiele kennen.

➤ Lerne freundlich und klar „Nein" zu sagen.

➤ Wende dich dem Anderen ganz zu, gib ihm deine Aufmerksamkeit.

➤ Merke dir, was dein Freund erzählt und was ihm wichtig ist, Geburtstage, Lieblingsfarbe und -essen usw.

Toleranz, Rücksichtnahme und Kompromissfähigkeit

Hochbegabte Kinder benötigen für eine gute Entwicklung ein Umfeld, in dem Toleranz und Vielfalt geschätzt und gelebt werden.

Wenn in einer Schule oder einem Kindergarten die Haltung besteht, dass sich alle gegenseitig ergänzen und bereichern, dann finden hochbegabte Kinder eine förderliche Umgebung vor. Hier fühlen sie sich angenommen, müssen sich nicht verstecken und können – mit all ihren Besonderheiten – dazu gehören. Wenn Erziehende als Vorbilder vermitteln, dass jedes Kind besondere Stärken hat und dass alle ihre Stärken zum Wohle der Gemeinschaft einsetzen können, dann kann das begabte Kind seinen Platz in der Mitte der Gemeinschaft finden. Gegenseitige Rücksichtnahme wird in einer solchen Umgebung täglich praktiziert und dadurch erlernt.

Toleranz muss von Kindern erst gelernt werden. Dies gelingt in solch einem Umfeld in der Regel gut. Die Erwachsenen sind dazu Vorbilder. Wenn diese Respekt vor der individuellen Entwicklung und der Individualität aller Kinder zeigen, wird es von den Kindern so übernommen.

Trotzdem erleben die hochbegabten Kinder oft, dass sie schneller und vielschichtiger denken als die Mitschüler. Die Erwachsenen können den Kindern nun helfen, dies einzuordnen und mehr Verständnis für die Denkweise normalbegabter Kinder zu entwickeln. Da sich Kinder generell auch auf jüngere Kinder einstellen können, sollte dies kein großes Problem sein. Die Hochbegabten können schon gut über solche Dinge reflektieren und dies hilft ihnen, damit gut umzugehen.

Tolerante und empathische Kinder, die auch ab und zu eigene Bedürfnisse zurückstellen können, sind gern gesehene Spielpartner und sie finden meistens auch Freunde. Überheblichkeit und „Besserwisserei" isolieren Kinder dagegen sehr. Potentielle Freunde wenden sich ab, weil sie nicht dauernd ein „Ätschbätsch" hören möchten oder weil sie sich nicht gerne von oben herab behandeln lassen.

Wie Sie Ihr Kind beim Erlernen dieser Fähigkeiten unterstützen können:

➢ Zeigen Sie selbst Interesse und Respekt für fremde Kulturen und andere Lebensentwürfe.

➢ Besprechen Sie mit Ihrem Kind, welche Stärken es hat und welche Talente seine Freunde oder Geschwister haben.

➢ Loben Sie Ihr Kind für große und auch kleine wohlmeinende Gesten, wie zum Beispiel: „Schön, dass du den Marco vorgelassen hast." „Ich finde es mutig, wie du dich für Lukas eingesetzt hast." „Du hast Amira ein gutes Gefühl gegeben, weil du … gesagt hast."

➢ Wenn Sie gemeinsam unterwegs sind und Zeuge von rücksichtsvollem Verhalten werden, fassen Sie dies für Ihr Kind in Worte („Das war nett, gell, wie der Junge der blinden Frau geholfen hat …")

Die intellektuelle Entwicklung

Von der Begabung zur Leistung

Besondere Begabungen lassen zumeist auch sehr gute akademische Leistungen vermuten. Doch nicht allen hochbegabten Kindern und Jugendlichen gelingt es, ihr hohes kognitives Potential auch in schulischen Leistungen zu zeigen. So kann beispielsweise eine lang anhaltende Unterforderung dazu führen, dass die Lern- und Arbeitsmotivation immer mehr sinkt. Ihr Kind beginnt, Anstrengungen zu vermeiden, es kann zu starker Schulunlust und zu Underachievement kommen, bis hin zur Leistungsverweigerung.

Was braucht ein begabtes Kind, um in der Schule erfolgreich zu sein? Einig sind sich die meisten Begabungsmodelle darin, dass es auf ein positives Zusammenspiel vieler Faktoren ankommt! Manche Faktoren liegen in der Persönlichkeit des Schülers: Wie leistungsmotiviert ist das Kind? Kann es gut mit Angst und Stress umgehen? Hat es gelernt, selbstreguliert zu lernen und zu arbeiten? Aber auch seine Schule, die Klassenkameraden und die familiäre Situation nehmen Einfluss auf die Entwicklung des Schulerfolgs.

Wie Ihr Kind sich selbst wahrnimmt, ist ebenfalls außerordentlich wichtig für seine Motivation und Leistungsbereitschaft: Hat es Vertrauen in seine eigenen Fähigkeiten? Sieht es einen Sinn in den Aufgaben? Und darf es darauf vertrauen, dass Lehrer, Eltern und Geschwister es unterstützen werden bei seinen Bemühungen auf dem Weg zum Erfolg?

Und schließlich kann ein Transfer von hoher Begabung in Leistung erst durch das Lernen gelingen. Eltern können dazu beitragen, selbstbestimmtes Lernen zu fördern und die Schulfreude zu erhalten.

Wie kann dies gelingen?

➢ Leiten Sie Ihr Kind dabei an, das Lernen zu lernen; auch wenn anfangs in der Schule alles mühelos zu bewältigen ist. Gute Lern- und Arbeitstechniken helfen ihm dabei, seine Begabungen zeigen zu können.

➢ Unterstützen Sie es dabei, einen Sinn in seinen schulischen Aufgaben zu sehen und zu finden.

➢ Ermöglichen Sie ihm, möglichst oft zu erleben, wie seine Anstrengung zu Erfolg führt. Das stärkt die Erwartung, dass seine Mühen sich lohnen! Auch im außerschulischen Bereich ist dies möglich, zum Beispiel beim Erlernen eines Instruments.

➢ Schaffen Sie eine fehlerfreundliche Atmosphäre. Fehler sind immer Helfer, um es beim nächsten Mal besser zu machen.

➢ Ersetzen Sie das Wort „lernen" öfters durch „sich gut vorbereiten". So koppeln Sie die Bemühungen an konkrete Ziele im Schulgeschehen (sich auf die nächste Biologie-Stunde vorbereiten, für die nächste „Ex" in Englisch gewappnet sein).

➢ Keine Prüfung ohne Vorbereitung! Auch wenn der Lernstoff intellektuell längst erfasst ist: Eine sorgfältige Vorbereitung sollte zusätzlich darauf abzielen, den Stoff in der erforderlichen Genauigkeit und Schnelligkeit abrufbereit zu haben.

➢ Schulische Leistungen erfordern auch immer eine gewisse Anpassungsfähigkeit. Zeigen Sie Ihrem Kind, dass es nicht schlimm ist, auch einmal über seinen Schatten zu springen und Lösungen in der erwarteten Form abzuliefern, auch wenn es anderer Meinung ist.

➢ Ein Lernstrategie-Coaching kann helfen, dass sich Ihr Kind als „Lernender" bewusst wahrnimmt. Mit neuen Techniken gelingt ihm das Merken und das Durchhalten leichter. Gleichzeitig dreht sich die Motivationsspirale nach oben und das Selbstvertrauen wächst.

➢ Seien Sie mutig und wagen Sie auch eine Veränderung der Schule oder der Schulform, wenn Ihr Kind über längere Zeit unglücklich ist und es wegen Unterforderung nicht gerne in die Schule geht.

Das Lernen lernen – so früh wie möglich

Viele besonders begabte Kinder durchlaufen ihre frühen Schuljahre ohne große Mühen, der Erfolg in der Schule stellt sich wie von selbst ein. Aufgrund ihres Wissensvorsprungs, ihrer raschen Auffassungsgabe und ihrer hohen Merkfähigkeit scheint es auch nicht notwendig, das „Lernen zu lernen". Doch mit zunehmendem Volumen und höherer Komplexität des Stoffes sind die Aufgaben bald nicht mehr mit links zu bewältigen. Spätestens mit Beginn der zweiten Fremdsprache und ihren Vokabeln reicht es nicht mehr, sich nur etwas rasch durchzulesen. Entmutigt („Ich bin zu dumm dafür") geben viele hochbegabte Kinder dann schon bei kleineren Herausforderungen auf. Die Motivation sinkt, die Schulleistungen bleiben vielleicht hinter den Erwartungen zurück, es kann zu einer Underachievement-Situation kommen. Oft geht dann der elterliche Blick wehmütig in die Zeit zurück, in der der Sprössling noch für elterliche Lern-Anregungen zugänglich war.

Es wird empfohlen, Strategien für selbstbestimmtes, selbstreguliertes Lernen frühmöglich zu entwickeln. Dies betrifft Strategien der Lern-Planung, Merk- und Übungsstrategien und natürlich Techniken der Prüfungsvorbereitung und der Selbstmotivation.

So können Eltern helfen:

➢ Mit dem Kind Routinen entwickeln (bestimmte Zeiten und Orte für das konzentrierte Arbeiten finden, Start-Routinen entwickeln ...)

➢ Hausaufgaben sind nicht verhandelbar. Außerdem reduzieren sie – bei regelmäßiger Erledigung – deutlich den später notwendigen Lernaufwand vor einer Prüfung.

➢ Dem Kind Anregungen geben, wie es seine Aufgaben und seinen Lernstoff in schaffbare Etappen einteilen kann (mit Bleistiftstrichen „Zwischenziele" markieren, „Ich arbeite noch x Minuten und mache dann eine Pause")

➢ Das Kind ein Gespür entwickeln lassen für die Struktur und Logik, die jedem Lernstoff innewohnt (Inhalte zählen / mit Zahlen arbeiten, Ähnlichkeiten / Gegensätze / Muster / Rhythmen entdecken ...). Das hilft auch beim Bau von Eselsbrücken.

- Dem Kind dabei helfen, die „Unordnung des Wissens" zu bändigen; zeigen Sie ihm, wie man Wissen strukturiert durch Mitschreibetechniken, Herausschreiben wichtiger Inhalte, mit kleinen Skizzen usw.
- Prüfungskompetenz entwickeln: Bin ich gut vorbereitet? Woran merke ich, dass ich genug gelernt habe? Beherrsche ich den Stoff schnell genug und genau genug? Kann ich auch Transferaufgaben lösen?
- Dem Kind Möglichkeiten zeigen, seine Planung „sichtbar" zu machen (mit Kalender, eigenen Masterplänen, ein Hausaufgabenheft führen ...)

Den Blick auf Anstrengung statt auf Talent richten

Hochbegabte Kinder werden im frühen Alter für wenig Anstrengung oft viel gelobt, beispielsweise von Seiten der Erzieherinnen im Kindergarten, von Bekannten oder von Lehrern in der Grundschule. Dadurch entsteht beim Kind das Selbstbild: „Ich kann alles mit Leichtigkeit, ich muss nichts üben, die anderen Kinder sind nicht so schlau wie ich …"

Wenn sie dann in den höheren Klassen plötzlich schlechtere Noten erhalten, weil nunmehr andere Dinge, wie etwa systematisches Lernen und Üben, von ihnen verlangt werden, verzweifeln die Kinder häufig und halten sich jetzt für dumm.

Natürlich ist dies nicht der Fall, sondern es sind nun verstärkt andere Fähigkeiten wie Fleiß, Anstrengungsbereitschaft und Lerntechniken wichtiger geworden.

Viele hochbegabte Kinder fühlen sich hilflos angesichts der neuen Herausforderungen und äußern, dass sie nicht wissen, wie man lernt. Hier liegt für manche Kinder der Einstieg ins Underachievement.

Das können Sie tun:
➢ Ihr Kind profitiert davon, wenn es eine günstige Arbeitshaltung entwickelt und auch seine Anstrengungsbereitschaft ausbaut.
➢ Es den Kindern rückmelden, wenn sie etwas intensiv geübt haben, etwa Schwimmen oder ein schweres Stück auf dem Instrument zu spielen: „Das hast du durch deine Anstrengung geschafft, toll!"
➢ Nehmen Sie doch die Metapher vom Sport für das Lernen, man muss eine gewisse sportliche Begabung haben, aber dann auch viel trainieren, um Fortschritte zu machen.
➢ Den Zusammenhang von Anstrengung und Erfolg betonen.
➢ Erfolge auf Anstrengung und nicht so sehr auf Begabung zurückführen.
➢ Misserfolge auf eine zu geringe Vorbereitung und nicht auf zu schwere Aufgaben zurückführen.

➢ Wertschätzen Sie die Bemühungen Ihres Kindes. Kommentieren Sie seine Anstrengungen mit positiver Rückmeldung. Sagen Sie etwa: „Hier hast du dich lange beschäftigt und sehr genau gearbeitet. Das war bestimmt nicht einfach! Schau einmal was dabei Tolles herausgekommen ist!"

➢ Mit dem Kind gemeinsam neue Dinge erlernen.

Wege zur Konzentration

Konzentriertes Arbeiten gelingt immer dann, wenn wir unsere Aufmerksamkeit willentlich – auch über längere Zeit – ganz auf eine Sache richten können und dabei störende Eindrücke wegfiltern.

Vielen hochbegabten Kindern fällt es schwer, diese Konzentration für ihre Schulaufgaben aufzubringen. Hausaufgaben ziehen sich oft über Stunden hin und werden zur Belastung für alle Beteiligten. Lehrer berichten vielleicht von auffälliger Unruhe des Kindes im Klassenzimmer und raten sogar zu einer AD(H)S-Diagnostik; Ihr Junge oder Mädchen sei zappelig und zu wenig fokussiert. Es falle ihm schwer, sich Aufgaben zuzuwenden und sie zu Ende zu bringen. Denselben Kindern gelingt es hingegen ganz mühelos, sich zuhause stundenlang in ihre Tüftelspiele oder Lieblingsbücher zu vertiefen! Und auch bei anspruchsvolleren Schulaufgaben bleiben sie mit großer Hingabe bei der Sache. Wie kann dies sein?

Kinder können lernen, ihre Konzentration ganz bewusst anzuschalten. Zum einen können spezielle Techniken dabei helfen, sich gegen Ablenkungen abzuschotten. So können etwa störende Gedanken weggeschoben werden, indem man sie auf einen Zettel schreibt oder sie in einem „Gedanken-Wartehäuschen" für später aufhebt. Zum anderen spielt die sogenannte intrinsische Motivation eine enorme Rolle. Alles, was diese innere Motivation fördert, wirkt zugleich günstig auf Anstrengungsbereitschaft und Konzentration: Lassen Sie Ihr Kind so viel wie möglich selber entscheiden, das fördert die Autonomie. Etwa die Reihenfolge, in der es seine Aufgaben erledigt, einen gelegentlichen Wechsel des Arbeitsplatzes oder die Wahl seiner Stifte und seines Hausaufgabenheftes. Eltern können ihrem Kind auch dabei helfen, seine Arbeit bewusster zu planen, Etappenziele einzubauen oder zum Beispiel gegen die Uhr zu arbeiten. Mit diesen Lernkompetenzen gehen auch lästige Routinearbeiten schneller und konzentrierter von der Hand.

Den meisten Kindern hilft dabei auch ein strukturierter Tagesablauf: regelmäßige Essens- und Schlafenszeiten, und die Erledigung der Hausaufgaben immer zur gleichen Zeit im Hort, zuhause oder in der Mittagsbetreuung. Nach etwa einer Stunde beginnt dann die Spielzeit – ein Ausblick, der das zügige Arbeiten befeuern kann!

Wie können Eltern die Konzentrationsfähigkeit außerdem unterstützen?

➤ Einen hellen, freundlichen und reizarmen Arbeitsplatz gestalten.

➤ Körperliche Wachheit (Vigilanz) braucht ausreichend Schlaf, bei Grundschulkindern etwa 10-12 Stunden.

➤ Anspannung braucht auch Entspannung: Möglichkeiten bieten, dass sich der kleine Körper sportlich „auspowern" kann.

➤ Auf ausreichendes Trinken und guten Zucker achten (Nüsse und Obst statt Pommes und Schokolade)

➤ Ein satter Magen lernt nicht gern – nach dem Mittagessen hilft eine kleine Pause vor dem Arbeiten.

➤ Zwischendurch kurze Erholungspausen einlegen, dabei etwas trinken und sich bewegen.

➤ Vermeiden Sie Unterbrechungen, wenn Ihr Kind gerade sehr konzentriert arbeitet (oder spielt!).

➤ Freiräume und Zeiträume schaffen, in denen sich Ihr Kind ganz einer Sache widmen kann.

➤ Ein Konzentrationstraining (z.B. Marburger Konzentrationstraining) anbieten, um die Aufmerksamkeit besser zu steuern und Aufgaben planvoller und systematischer anzugehen.

Flüchtiger oder verlangsamter Arbeitsstil

Manche Kinder denken und verarbeiten Informationen sehr schnell. Dem liegt oft ein visuell orientierter Denkstil zugrunde. Dadurch sind sie oft ungeduldig, arbeiten teilweise aber auch vorschnell und flüchtig, insbesondere bei Routinearbeiten in der Schule. Dazu kommt, dass viele begabte Kinder in der Schule zu Beginn noch nichts wirklich Neues lernen, da sie einen Fertigkeiten-Vorsprung haben. Die Schüler gewöhnen sich nun an, auch schriftlich alles möglichst schnell irgendwie fertig zu machen. Meistens auf Kosten der Genauigkeit. Flüchtigkeitsfehler häufen sich und die schulische Unlust steigt. Die Motivation sinkt stark ab. Es kommt zu einem negativen Selbstbild, daraus können in manchen Fällen sogar Lernstörungen entstehen.

Damit ein solcher Teufelskreis nicht entsteht, sind in diesem Fall die Eltern und Lehrkräfte besonders gefragt. Durch schwerere Aufgaben, die dem Leistungsstand des jeweiligen Schülers angepasst werden, erkennt der Schüler, wann er langsamer und genauer arbeiten muss um Lösungen zu finden. Fehlerkontrolle und Selbstinstruktionen helfen bei der Verbesserung der Arbeitsgenauigkeit.

Es gibt aber auch Kinder, die zwar genau, aber viel zu langsam arbeiten. Meistens sind hier feinmotorische Probleme festzustellen. Es sind oft sehr perfektionistische Schüler. Die Hausaufgaben dauern sehr lange und es kommt dabei oft zum Streit mit den Eltern. Arbeitsaufträge in der Schule werden nur unvollständig erledigt und müssen zu Hause nachgeholt werden. Viele dieser Kinder sind verträumt und ablenkbar, sie leben noch in einer „zeitlosen" Welt. Durch ihre mangelnde Performanz in der Schule kann es zu massiven Selbstzweifeln kommen, viele hochbegabte Kinder halten sich deshalb für „dumm". Damit keine Lernstörung entsteht, müssen Eltern und Lehrkräfte auch hier gezielt unterstützen.

Manche Schüler sind Anstrengungsvermeider und haben einen apathischen Arbeitsstil erst mit Schulbeginn entwickelt. Diese Kinder haben bemerkt, dass sie weniger Aufgaben bearbeiten müssen, wenn sie sehr langsam arbeiten. Außerdem erhalten sie durch dieses Verhalten verstärkte Aufmerksamkeit der Eltern und Lehrkräfte.

Das können Sie tun:

➢ Den Sinn von Routineaufgaben erklären – sie sind wichtig für die Automatisierung.

➢ Die hastigen Kinder auffordern, etwas langsamer und genauer zu arbeiten.

➢ Ein Konzentrationstraining anbieten.

➢ Den Kindern Fehlerkontrolle und schrittweises Arbeiten beibringen.

➢ Das innere Sprechen einüben. Das Kind soll sich selbst instruieren.

➢ Die langsamen Kinder gegen die Uhr arbeiten lassen. Sie können auch Dinge um die Wette tun und Spiele mit Zeitkomponente wie Gruselino, Make´n Break, Halli Galli in den Alltag einbauen.

➢ Keine Lücken lassen, die verlangsamten Kinder müssen alles erledigen, damit fällt der sekundäre Gewinn weg. Dies gilt aber nicht bei Feinmotorikschwäche.

➢ Eng mit der Schule zusammenarbeiten.

29

Perfekt oder gut genug?

Besonders begabte Kinder haben die Fähigkeit, sich das exakte Ergebnis ihrer Arbeit sehr genau vorzustellen. Gelingt eine Aufgabe oder ein Projekt dann nicht in diesem Maße, oder dauert das Lösen einer Aufgabe länger als gedacht, dann geben sie oft entmutigt auf.

Viele hochbegabte Kinder zeigen ein hohes Perfektionsstreben. Das ist zu begrüßen und entspricht auch ihren hohen geistigen Fähigkeiten. Nur wer auch etwas von sich verlangt, kann Potentiale umsetzen.

Es gibt zwei Arten von Perfektionismus, den gesunden und den ungesunden oder übersteigerten. Gesund perfektionistische Kinder haben hohe Standards, aber sie können auch akzeptieren, wenn einmal etwas schief geht. Ein übersteigerter Perfektionismus, verbunden mit einer großen Angst vor Misserfolgen, hemmt die kindliche Entwicklung. Aus dieser Art von Perfektionismus entstehen häufig Probleme, unter anderem führt er oft zur Anstrengungsvermeidung.

Damit Kinder Neues erlernen können, müssen sie sich beim Lernen wohl und sicher fühlen und auch Fehler machen dürfen. Deshalb ist eine fehlerfreundliche Atmosphäre in der Familie, aber auch in der Schule, sehr wichtig. Starke Misserfolgsängste hingegen behindern das Kind und führen zu Verzweiflung, Vermeidung von Anforderungen und oft sogar zu Underachievement.

Kinder im Vorschulalter lernen immer auch am Modell der Eltern, wie sie mit Leistungsanforderungen umgehen. Wenn Eltern sehr viel von sich fordern und einen sehr hohen Anspruch an sich selbst haben, übernehmen Kinder dies oft für sich. Dabei machen Eltern den noch jungen Kindern selten direkt Druck. Es werden allerdings Werte übernommen und Verhaltensweisen nachgeahmt.

Bei manchen Eltern verändert der Schuleintritt die Sichtweise. Nun möchten die Eltern, dass ihr gut begabtes Kind auch sehr gute Leistungen erbringt. Wichtig ist es deshalb, sich als Eltern zu prüfen: Wie wichtig ist mir der Erfolg meines Kindes? Erfahre ich über seine schulischen Leistungen selbst eine Bestätigung, ein guter Elternteil zu sein?

Wenn Eltern die schulischen Leistungen der Kinder zu persönlich nehmen und bei Misserfolgen ihrer Kinder selbst verzweifelt reagieren, entsteht ein nicht unerheblicher Druck für das Kind.

So können Sie übersteigerten Perfektionismus abbauen:
➢ Selbst locker werden, ein Vorbild dafür sein, dass bei Misserfolgen die Welt nicht untergeht.
➢ Den Kindern vermitteln, dass Misserfolge ebenso wie Erfolge zum Leben dazugehören.
➢ Jeden Abend mit den Kindern besprechen, was bei jedem Familienmitglied am Tag gut geklappt hat und was nicht. Dabei ist es wichtig, dass jeder nur von sich selbst erzählt, keiner äußert sich kritisch oder gibt Kommentare ab. Niemand wird zum Erzählen gezwungen.
➢ Mit den Kindern gemeinsam etwas Neues lernen, das noch niemand beherrscht, beispielsweise Jonglieren, Seiltanzen. So erkennen die Kinder, dass sogar die Erwachsenen manches einfach üben müssen.
➢ Die Kinder ermutigen, neue Dinge auszuprobieren.
➢ Vermitteln Sie Ihren Kindern, dass es reicht, wenn man sein Bestes gibt, man muss nicht der oder die Beste sein.
➢ Viele ergebnisfreie und spaßorientierte Freizeitaktivitäten (wie Kissenschlachten, Schlittenfahren, Toben, draußen Spielen) in den Alltag einbauen.

Die Motivation erhalten

Ein unbändiger Wissensdurst, brennende Neugier, nie enden wollende Fragen – junge Hochbegabte sind ein wahres Feuerwerk an Motivation!

Das ist wunderbar, denn in den meisten wissenschaftlichen Begabungsmodellen kommt dieser Motivation eine tragende Rolle zu: Sie ist einer der wichtigsten Faktoren auf dem Weg von hoher Begabung hin zu exzellenter Leistung. Sie beeinflusst die Art, wie Kinder sich zuversichtlich, mit hoher Selbstwirksamkeitserwartung und in der Hoffnung auf Erfolg einer Aufgabe zuwenden. Sie bestimmt, wie leicht ein Kind mit seiner Aufgabe beginnen kann, und wie gut es durchhalten wird. Wir dürfen davon ausgehen, dass schulischer Erfolg lediglich zu einem Drittel durch Intelligenz erklärbar ist. Ein Drittel steuert die Motivation bei, ein weiteres Drittel des Erfolges ist auf Ausdauer, Fleiß und Lernstrategien zurückzuführen!

Wie kommt es jedoch, dass bei vielen anfänglich so hoch motivierten Kindern die Lust auf Schule zusehends schwindet? In einer „Spirale der Enttäuschungen" sehen viele Kinder ihre hohen Erwartungen an die Schule nicht erfüllt, ihre Lernfähigkeit und Anstrengungsbereitschaft steht im Gegensatz zur langsamen Geschwindigkeit der Klasse und den als niedrig empfundenen Leistungs-Anforderungen. Ihr Kind muss längst Begriffenes übermäßig oft üben. Es wird seltener als erhofft von seiner Lehrerin aufgerufen. Es ist – noch – gut in der Schule, „Streber!" tuscheln vielleicht deshalb die Klassenkameraden. Wenn dann im Laufe der Jahre die schulischen Anforderungen steigen, sind gute Schulnoten meist nicht mehr mit der gewohnten Leichtigkeit und ganz ohne Anstrengung zu erzielen. Werden jetzt die nötigen Arbeitsstrategien nicht rasch erworben, sinkt bei wiederholten Misserfolgen die Schulmotivation ab, viele Kinder sind plötzlich verzagt und entmutigt. Sie vermeiden schwierige Aufgaben, zu leichte werden erst gar nicht angegangen.

Viele Eltern wünschen sich, dass sich ihre Kinder wieder mehr zutrauen, dass sie Herausforderungen annehmen und sich auch die wichtige Hoffnung auf Erfolg wieder entwickelt.

Wie kann dies gelingen?

➢ Zeigen Sie Ihrem Kind Möglichkeiten, sich selbst zu motivieren und sich selbst zu belohnen.

➢ Helfen Sie Ihrem Kind, sich Etappenziele zu setzen; die Aufgaben sollen in schaffbare Portionen aufgeteilt werden, möglichst nicht länger als 15-20 Minuten.

➢ Beim Üben zuhause den optimalen Schwierigkeitsgrad finden (Aufgaben, die mit Anstrengung zu bewältigen sind)

➢ Helfen Sie Ihrem Kind, Wege zum selbstregulierten Lernen zu finden; wenn sich Ihr Kind beispielsweise selbst halblaut anleitet, kommt es Schritt für Schritt sicher ans Ziel.

➢ Unterstützen Sie Ihr Kind dabei, persönliche „Durchhalte-Parolen" zu entwickeln („Komm, nur noch eine Aufgabe!" „Gleich hab ich's!" „Ist doch nicht so dramatisch.")

➢ Mit Lehrern im Gespräch sein und über Unterstützung in der Schule sprechen (anspruchsvollere Aufgaben im Unterricht, Projektarbeiten, Drehtürmodell etc.)

➢ Anderen zu helfen, kann erfüllend sein: Mit Klassenkameraden gemeinsam lernen, jüngeren Schülern Nachhilfe geben; bei älteren Kindern: anderen im Gruppenchat helfen.

Schulische Herausforderungen schaffen

Hochbegabte Kinder erleben in der Schule eine Diskrepanz zwischen ihren hohen intellektuellen Fähigkeiten und den vergleichsweise niedrigeren schulischen Anforderungen. Sie können schneller und wollen mehr. Das Privileg, Aufgaben lösen zu dürfen, die sie subjektiv als schwer empfinden, bleibt ihnen verwehrt. Selten können sie Zufriedenheit und den Stolz empfinden, der mit dem Meistern anspruchsvoller Aufgaben erwächst.

Herausfordernde Lernprozesse für alle Schüler – auch für die hochbegabten Kinder – zu schaffen, gelingt nicht jeder Schule und nicht jeder Lehrkraft gleichermaßen gut.

Doch hochbegabte Kinder und Jugendliche sind selbst ausgestattet mit hohen metakognitiven Kompetenzen, der Fähigkeit also, sich beim Denken und Lernen selbst zu beobachten, zu analysieren und zu steuern. Und sie verfügen über ein hohes kreatives Potential, das helfen kann, ihr schulisches Lernen aktiv und selbstbestimmt zu gestalten!

Auf diese Weise können sie selbst dazu beitragen, eine höhere Schul- und Selbstzufriedenheit zu erfahren. Zeigen Sie Ihrem Kind daher, wie es sich zusätzlich kreativ am schulischen Stoff herausfordern kann – und damit gleichzeitig den Königsweg des Lernens zu beschreiten.

So kann es gelingen:
➢ Beim Lernen kann das Kind seinen Lernstoff „bewerten" (auf einer Skala von 1 bis 10, wie interessant / spannend findest du den ersten Teil, wie logisch ist das Kapitel aufgebaut ...)
➢ Das Kind auffordern, die zwei oder drei schwierigsten oder kompliziertesten Inhalte des Lernstoffs zu benennen (z.B. drei besonders sperrige Vokabeln)
➢ Das Kind ermuntern, sich drei Prüfungsfragen zum Stoff auszudenken: eine sehr leichte, eine etwas schwierigere und eine sehr „gemeine" Frage.
➢ Das Kind kann den Stoff in geänderter Reihenfolge, an anderem Lernort, in anderer Körperposition (beispielsweise auf dem Trampolin) wiederholen.

> Warum nicht einmal tiefer in das Wissensgebiet eintauchen und selbst in der Bibliothek oder im Internet Details recherchieren und darüber berichten?

> Mindestens eine Lerntechnik anwenden, die das Kind selbst zum Schmunzeln bringt (eine verrückte Skizze zum Stoff anfertigen, Fachbegriffe übertrieben genau aussprechen, merkwürdige Eselsbrücken bauen)

Mit Langweile umgehen

„Es war heute wieder sooo langweilig!" Gelegentliche Langeweile in der Schule ist ein Los, welches quasi alle Schulkinder teilen. Dass begabte Kinder besonders häufig darüber klagen, scheint naheliegend. Sie würden gerne schneller, mehr und Anspruchsvolleres lernen. Besteht echte Unterforderung über einen längeren Zeitraum, sollten Eltern das Gespräch mit der Schule suchen. So können die Kinder Arbeitsmaterial erhalten, welches sie besser fordert. Auch der Sprung in die nächsthöhere Klassenstufe kann in Betracht kommen. Doch hinter der beklagten Langeweile kann sich ganz Unterschiedliches verbergen. Um Ihrem Kind besser helfen zu können, lohnt es sich, der Sache auf den Grund zu gehen.

Viele hochbegabte Kinder erfahren zu Beginn ihrer Schulzeit, dass sie ihre Schulaufgaben ohne großen Aufwand erledigen können. Schule wird später ganz plötzlich als „langweilig" empfunden, wenn auch sie ungewohnte Anstrengungen aufbringen müssen. Auch das handschriftliche Verfassen von Texten kann hochbegabte Kinder große Mühe kosten; dann werden Schreibarbeiten mit der Ausrede „zu fad" abgelehnt.

Oder die kleinen Perfektionisten: Gelingt ihnen etwas nicht gut genug, dann war die Aufgabe eben zu langweilig. Wenn sie befürchten, nicht zu den Besten gehören zu können, schieben sie Langeweile vor und geben im Wettkampf frühzeitig auf. Überhaupt scheuen viele hochbegabte Kinder das Kräftemessen mit anderen. Geplante sportliche Vorhaben oder Förderkurse gelten dann allzu rasch als „langweilig" – eine bequeme Vermeidungsstrategie!

Für wiederum andere bleiben solche Aktivitäten reizlos, die ganz ohne Wettkampfcharakter und ohne erklärtes Ziel auskommen. Es ist jedoch wichtig für Kinder, sich einer Tätigkeit auch ganz intrinsisch motiviert hingeben zu können, einfach nur aus Freude an der Sache.

Hochbegabte Kinder sind meist sehr kreativ veranlagt. Sie als Eltern fördern und wertschätzen diese Kreativität vielleicht in hohem Maße. Sie beobachten dann aber auch, dass bei Ihrem Kind die Unzufriedenheit rasch wächst, wenn einmal etwas mehr Konformität und Routine gefragt sind. Sehr kreative Kinder wählen nämlich häufig nur diejenigen Aufgaben für sich aus, bei denen sie selbst gestaltend und kreativ tätig sein können, andere Aufgaben werden konsequent als zu langweilig abgelehnt.

Und „langweilig" sind einfach oft Schulfächer, die Ihr Kind nicht mag.

So kann Ihr Kind lernen, mit der Langeweile besser umzugehen:

➤ Anstrengung gehört zum Erfolg dazu. Loben Sie tapferes Arbeitsverhalten. Seien Sie hier auch selbst ein sichtbares Vorbild.

➤ Zeigen Sie Ihrem Kind Durchhaltestrategien, um auch unspektakuläre Routineaufgaben rasch und ordentlich abarbeiten zu können.

➤ Gegen Langeweile im Unterricht hilft ihm seine große Beobachtungsgabe. Ihr Kind kann parallel schauen: Wie geht es den anderen heute? Wer meldet sich besonders selten, und warum? Was gelingt dem Lehrer gut / nicht so gut? Würde ich den Stoff anders erklären?

➤ Fördern Sie neben der Kreativität zusätzlich die Fähigkeit, unliebsame Aufgaben – beispielsweise auch im Haushalt – zu übernehmen. So lernt Ihr Kind, dass „langweilige" Routinearbeiten zum Leben dazugehören.

➤ Geben Sie Ihrem Kind Gelegenheiten, bei nicht-wettbewerbsorientierten Aufgaben oder Spielen sich einfach einmal treiben zu lassen und sich zu entspannen.

➤ Helfen Sie ihm, Wettbewerb mit anderen als freudig und lustvoll zu empfinden, auch wenn der Sieg einmal ausbleibt.

Mit außerschulischen Angeboten fördern

Hochbegabten Mädchen und Jungen fehlt oftmals in der Schule und auch schon im Kindergarten der notwendige Input, damit ihr Gehirn richtig in die Gänge kommt und sie Freude am eigenständigen Lernen entwickeln können. Deshalb kommen sie oftmals sehr unzufrieden und unausgelastet nach Hause und möchten Antworten auf ihre zahlreichen Fragen, damit sie ihren Wissensdurst befriedigen können. Gerade kleine Kinder können sich diesen Input aber oft nicht selbst holen, sondern benötigen Unterstützung. Der Weg von Eltern und Kind führt dann oft ziemlich früh in Museen, Bibliotheken, den Tierpark und andere Orte, an denen Informationen zugänglich sind. Auch eine gemeinsame Internetrecherche mag hin und wieder sinnvoll sein, da man als Eltern ja auch nicht alles wissen kann und muss.

„Wenn mein Kind doch nicht ständig fragen würde!", denken sich dann viele Eltern, die ja nebenbei auch noch arbeiten und den Haushalt machen sollen. Ziel des Kindes ist es allerdings nicht, Sie als Eltern zu ärgern, sondern seinen Wissensdurst zu stillen um abends zufrieden ins Bett gehen zu können, da Kopf und Körper gleichermaßen aktiv waren.

Damit Sie entlastet werden, ist es sinnvoll, sich nach externen Angeboten umzuschauen, die zum Interessensspektrum des Kindes passen und an das bereits vorhandene Vorwissen anknüpfen. Brauchbar sind oftmals kreative oder sportliche Beschäftigungen in kleineren Gruppen. Diese bieten zusätzlich die Möglichkeit, Frust abzubauen, der durch zu wenig fordernde Themen am Vormittag entstanden ist. Auch das frühe Erlernen eines Instruments oder einer neuen Sprache kann das Kind zufriedenstellen. Beachten Sie bitte, dass Aktivitäten in großen Gruppen aufgrund des hohen Geräuschpegels und der großen Unruhe für manche hochbegabte Kinder nicht die richtige Wahl sind.

Wie erhalten Sie Informationen über außerschulische Angebote, die zu den Bedürfnissen Ihres Kindes passen?

➢ Tauschen Sie sich über die Elterngruppen von Hochbegabtenfördervereinen aus. Oftmals finden sich Musiklehrer, Sportlehrer oder Volkshochschulreferenten vor Ort, die mit diesen Kindern sehr gut umgehen können und auf ihre speziellen Fragen und Interessen eingehen.

- Informieren Sie sich über Kinderkurse, Familienangebote und Jugendtreffen von Hochbegabtenfördervereinen.
- Erkundigen Sie sich nach geeigneten Sprachlehrern/Musiklehrern, die junge Kinder individuell unterrichten.
- Informieren Sie sich über Ferienprogramme für begabte Kinder wie die Junior- oder Schülerakademie und weitere Angebote öffentlicher, politischer oder privater Träger.
- Unterstützen Sie Ihr Kind dabei, an Wettbewerben teilzunehmen. Das Spektrum reicht von Jugend debattiert über Geschichtswettbewerbe oder Jugend musiziert bis hin zu Jugend forscht. Informationen bieten Internetseiten von Kultusministerien.
- Erkundigen Sie sich nach Mentorenprogrammen.
- Eruieren Sie Möglichkeiten zum Frühstudium (vor Ort und Fernstudium).
- Hilfreiche Tipps, Linklisten und Kontakte zu anderen Eltern erhalten Sie über die Beratungstelefone von Hochbegabtenfördervereinen.

Die emotionale Entwicklung

Misserfolge gehören dazu

Kinder stehen in jungen Jahren oft schon unter enormem Druck. Sie grämen sich, wenn ein Bild nicht schön geworden ist oder wenn das Schreiben nicht gleich gelingt. Oder sie sind untröstlich, wenn vielleicht nur ein einziger Punkt zur nächsten, besseren Note fehlte …

Gelegentliches „Hinfallen" gehört im Leben einfach dazu. Auch wenn viele hochbegabte Kinder zunächst vom Erfolg verwöhnt sind: Misserfolge können trotz alledem nicht ausgeschlossen werden. Viele besonders begabte Kinder haben den Umgang mit Rückschlägen noch nicht lernen können und dadurch kann sich eine generelle Angst vor Misserfolg verfestigen. Diese Kinder werfen dann vorschnell die Flinte ins Korn, wenn ihnen Aufgaben zu schwierig erscheinen. Es kann sich zusehends eine schulische Vermeidungshaltung ausbilden.

Hier hilft es, wenn Eltern ihre Kinder mit Gelassenheit begleiten. Die Kinder entspannen sich, wenn sie verstehen, dass Misserfolge normal sind; Fehler – größere und kleinere – sind nicht existenzbedrohend.

Eltern können ihre Kinder dabei unterstützen, eine potentielle Abwärtsspirale in eine Erfolgsspirale umzuwandeln und selbst in eine aktive Rolle zu kommen. An erster Stelle steht zunächst, dass sich Ihr Kind bei Ihnen sicher und geborgen fühlt; aus diesem sicheren Hafen heraus entwickelt es seine Stärken, seine Selbstsicherheit im Umgang mit Rückschlägen und auch den Mut, selber mit zu gestalten. Eltern können ihre Kinder dabei anleiten, die Wahrscheinlichkeit für erneute Misserfolge zu reduzieren. Zum Beispiel durch aktive Mitarbeit im Unterricht, durch Vor- und Nachbereitung der kritischen Schulstunden und durch Am-Ball-Bleiben mit den Vokabeln. Dazu gehört auch, sich dann ganz bewusst über die erreichten Erfolge zu freuen!

So können Sie Ihrem Kind helfen:
- ➢ Trost spenden („Es ist nicht so schlimm." „Das kann mal passieren." „Du hast da auch ein bisschen Pech gehabt.")
- ➢ Auf das Gefühl Ihres Kindes eingehen; nehmen Sie es in den Arm, machen Sie ihm einen warmen Kakao.

- Überlegen Sie gemeinsam: „Was kannst du probieren, damit es beim nächsten Mal besser gelingt?"
- Gehen Sie mit gutem Bespiel voran. Wie gehen Sie selber mit Misserfolgen um? („Das nächste Mal muss ich mehr auf … achten." „Das nächste Mal mache ich das, glaube ich, etwas anders, nämlich …")
- Bei wiederholten schulischen Misserfolgen auch einmal für kurze Zeit (!) Nachhilfe anbieten.
- Bei dauerhaftem schulischen Misserfolg ein Lerntraining oder professionelles Lerncoaching in Erwägung ziehen.
- Bleiben Sie als Eltern unbedingt mit den Lehrern im Gespräch. Was beobachten die Lehrer bei Ihrem Kind? Machen Sie deutlich, dass sich Ihr Kind auch zuhause bemüht, Wissenslücken zu schließen.
- Versichern Sie Ihrem Kind: „Auch wenn es diesmal nicht geklappt hat, beim nächsten Mal klappt es bestimmt, man kann Sachen auch üben."

Auf den Körper hören

„Mein Kind hat ständig Bauchschmerzen!", „Von jedem Geburtstag muss ich mein Kind wegen Kopfschmerzen abholen!" oder „Meine Tochter brütet stundenlang über den Problemen anderer, versucht sie zu lösen und kann deshalb nicht schlafen!" Dies sind einige Aussagen, die bei der Beratung von Eltern ganz oft Thema sind.

Lässt man Schmerzen vom Kinderarzt abklären, findet dieser oft keine Ursache. Woher kommen diese Beschwerden?

Erwartet das Kind eine Schulwoche ohne große Herausforderungen, kann allein dadurch, diese durchhalten zu müssen, Stress entstehen. Dieser Stress kann sich durchaus auf den Körper auswirken, und zwar in der Regel auf die Stelle, die am anfälligsten ist. Bei vielen Kindern ist das der Bauch oder Kopf. Aber auch Hautprobleme, Gelenkschmerzen oder Schlafprobleme können solche Ursachen haben. Neben bevorstehender Langweile kann auch durch enorme Lautstärke und starke Unruhe hervorgerufener Stress körperliche Folgen nach sich ziehen (vgl. Hochsensibilität).

Viele hochbegabte Kinder sind zusätzlich sehr empathisch. Nehmen sie bei anderen Menschen soziale Konflikte oder andere Probleme war, versuchen sie diese zu lösen und stecken extrem viel Energie in dieses Thema, das oftmals gar nicht ihr eigenes ist. Andere profitieren von diesem Verhalten, aber für das Kind selbst kann diese mangelnde Abgrenzung zu Stress und körperlichen Beschwerden führen.

Um diese Problematik in den Griff zu bekommen, muss das Kind möglichst früh lernen, auf seinen Körper und seine eigenen Bedürfnisse zu achten, also auch mal auf sein Bauchgefühl hören können! Es sollte sich von Problemen anderer abgrenzen können und auch mal „Nein" sagen, wenn es etwas eigentlich nicht möchte.

Wie können Sie Ihr Kind dabei unterstützen?
- ➢ Nehmen Sie körperliche Beschwerden Ihres Kindes ernst.
- ➢ Sprechen Sie mit Ihrem Kind über seine Gefühle, damit es Zugang dazu erhält, und teilen Sie ihm auch Ihre Gefühle mit.
- ➢ Ihr Sohn darf weinen – er ist dabei nicht unmännlich oder verweichlicht.
- ➢ Bei Aktivitäten wie Yoga, Meditation etc. lernt Ihr Kind seinen Körper zu spüren.

- Seien Sie Vorbild, indem Sie selbst sich Ruhepausen gönnen oder bei zu viel Aufgaben auch mal „Nein" sagen.
- Signalisieren Sie Gesprächsbereitschaft, falls Ihr Kind über soziale Konflikte z.B. in der Klasse mit Ihnen reden möchte.
- Fragen Sie Ihr Kind nach seinen Bedürfnissen und Meinungen.

Mit hoher Sensibilität umgehen

„Wieso gefällt es den anderen auf der Geburtstagsfeier – hier ist es doch viel zu laut!", „Schon wieder ein kratzendes Etikett in meinem Pullover!", „Der Lehrerin geht es heute schlecht – merkt denn das außer mir keiner?", „Den Film kann ich nicht anschauen, der ist mir viel zu unheimlich!" Falls Sie oftmals solche Gedanken und Äußerungen bei Ihrem Kind bemerken, könnte dies auf eine hohe Sensibilität hindeuten, welche häufig in Kombination mit Hochbegabung auftritt.

Was verbirgt sich hinter Hochsensibilität? Wer hochsensibel ist, verfügt über fünf körperliche Sinne, die feiner ausgeprägt sind als bei anderen. Er oder sie hört, sieht, fühlt, riecht und schmeckt differenzierter. Was also Normalsensible als angenehme Lautstärke empfinden, ist für Hochsensible nur noch Lärm. Auch Schärfe oder Knoblauchgeruch kann für diese Menschen nahezu unerträglich sein. Sie nehmen oftmals Konflikte, Probleme oder Befindlichkeiten anderer viel früher wahr als andere Menschen, oder empfinden gleißendes Licht als extrem unangenehm. Allerdings ist kein Hochsensibler wie der andere! Meistens sind nur zwei bis drei Sinne stärker ausgeprägt. Alle Hochsensiblen haben allerdings gemeinsam, dass diese Unmenge an Reizen, die im Gehirn wie eine Flut mit extremer Intensität ankommen, erst einmal verarbeitet werden müssen. Extrovertierte Kinder reagieren oftmals mit „Überdrehtheit" und körperlicher Unruhe und wählen Bewegung als Ventil, um den mit dieser Reizflut verbundenen Stress abzubauen. Ruhigere Kinder ziehen sich zurück und begeben sich zunächst in eine Beobachterposition, bis sie die Situation soweit erfasst haben, dass sie sich mit normalem Stresspegel in das Geschehen einklinken können. Manche Babys reagieren mit Schreien, da sie noch keinen anderen Mechanismus beherrschen, um mit der Reizüberflutung fertig zu werden.

Wie können Sie also Ihr hochsensibles Kind unterstützen? Akzeptieren Sie die Hochsensibilität! Sie ist kein Makel Ihres Kindes oder gar ein Erziehungsfehler.

Die extreme Wahrnehmungsfähigkeit ist vielmehr eine gesellschaftlich sehr nützliche Eigenschaft, da diese Menschen oft in der Lage sind, frühzeitig auf Themen und Störungen aufmerksam zu werden und diese zu lösen, bevor eine Eskalation eintreten kann. Allerdings muss dazu das Kind im Laufe seines Lebens lernen, mit dieser besonderen Eigenschaft umzugehen, indem es den durch die Reizflut verursachten Stresspegel bewusst spüren und kontrollieren kann. Hierzu benötigen Kinder Ihre Hilfestellung als Eltern, und auch die Unterstützung von Erziehern und Lehrern. Es braucht also Erwachsene, die einfühlsam mit dem Kind umgehen, eine drohende Reizüberflutung rechtzeitig erkennen und dieser entgegenwirken. Wird ein Kind entsprechend unterstützt, kann es sich oftmals langsam an diese Reize gewöhnen bzw. einen stressreduzierenden Umgang damit erlernen.

Welche Maßnahmen können hierbei hilfreich sein?
➢ Rückzugsorte für das Kind schaffen (auch in Kindergarten/Schule!)
➢ Ruhezeiten bewusst in den Tagesablauf einplanen.
➢ Kreative oder sportliche Freizeitgestaltungen schaffen eine Möglichkeit zum Stressabbau.
➢ Meditation/Yoga bietet eine Möglichkeit abzuschalten.
➢ Vorsicht mit Medikamenten! Diese wirken bei Hochsensiblen oftmals sehr stark.
➢ Neue Situationen vorher in Gedanken durchspielen.
➢ Bei Schul- oder Kindergartenausflügen Begleitung durch bekannte Person anbieten.
➢ Fernseh- und Computerzeiten geringhalten, da hochsensible Kinder der „Sogwirkung" besonders stark unterliegen.
➢ Ein Sitzplatz in der Schule möglichst weit vorne reduziert die Ablenkung.
➢ Bei Prüfungen kann ein Ohrschutz hilfreich sein, damit Störgeräusche besser ausgeblendet werden.
➢ Beim Lernen die Zahl der Lernkanäle reduzieren.
➢ Ein fester Tagesrhythmus verringert die Anzahl der neuen Reize.
Unterstützend kann bei sehr reizoffenen und ablenkbaren Kindern eine sensorische Integrationstherapie durchgeführt werden. Hierbei lernt das Gehirn, sich auf wichtige Reize zu fokussieren und Unwichtiges auszublenden. Auch Angebote aus der Psychomotorik können oft ähnliche Wirkung haben und sensorische Integrationsprozesse fördern.

Die körperliche Entwicklung

Bewegung macht klug

Über die große Bedeutung von Bewegung sind sich alle Entwicklungsforscher einig. Manche Eltern sind darüber erstaunt. Könnte das Kind denn nicht die Zeit, die es draußen zum Toben und Matschen nutzt, besser mit Konzentrationsübungen oder dem Erlernen der Kulturtechniken verbringen? Die jüngste Forschung zeigt jedoch einen klaren Zusammenhang von Körperbeherrschung, der akkuraten Verarbeitung von Sinnesreizen und der Lernkapazität.

In den ersten sieben Lebensjahren werden die wichtigsten körperlichen Fähigkeiten erworben. Dazu zählen Laufen, Schaukeln, Rad fahren, Schwimmen, Malen und Werken. Auch weniger augenfällige Fähigkeiten wie die Steuerung der Blickrichtung und die Auge-Hand-Koordination gehören dazu. Der Raum, der uns alle umgibt, muss erst erobert werden, räumliche Beziehungen müssen erfahren werden.

Vielfältige Sinneserfahrungen helfen dem Gehirn dabei, sich zu entwickeln und eine größere Lernkapazität zu entfalten. Im Sand spielen und Kneten sind zum Beispiel wichtige Voraussetzungen, damit sich Malen, Basteln und Schneiden später gut entwickeln können.

Kinder mit zu wenigen Erfahrungen im motorischen Bereich sind später bei Ergotherapeuten wiederzufinden. Häufig werden Wahrnehmungsstörungen diagnostiziert.

Intellektuell sehr gut begabte Kinder vermeiden oft wilde körperliche Spiele, wie Ballspiele, aber auch feinmotorische Tätigkeiten. Dies sind keine Kleinigkeiten, sondern können gravierende Auswirkungen auf die Zukunft der Kinder und auf ihre schulische Karriere haben. Eltern sollten rechtzeitig gegensteuern!

Aufenthalte in der Natur sind für Kinder sehr förderlich. Sie können sogar ADHS-Symptome merklich reduzieren, wie die Verhaltensforscher F. Taylor und F. Kuo nachgewiesen haben. Häufige Aufenthalte in der Natur beruhigen unruhige Kinder und wirken sich positiv auf Hyperaktivität aus.

Eine „nicht artgerechte Haltung" von Kindern in kleinen Wohnungen, mit wenig Bewegungsmöglichkeit im Freien, viel Medienkonsum und bewegungsarmer Ganztagsschule können ADHS-ähnliche Symptome hervorrufen.

Fast alle Eltern kennen auch bei ihren Kindern den Unterscheid zwischen den Sommermonaten, in denen die Kinder oft ausgeglichener wirken und sich viel draußen aufhalten, und den Wintermonaten, in denen die Kinder unruhiger und unausgeglichener sind.

Wie können Sie Bewegungsangebote für Ihr Kind schaffen?

➢ Bestücken Sie Ihre Wohnung für den Winter mit vielfältigen Bewegungsangeboten, zum Beispiel mit Turnstangen, Gymnastikbällen, Balancierbrettern.

➢ Gehen Sie am besten täglich mit den Kindern nach draußen und ermöglichen Sie es Ihrem Kind, viel Sport zu machen.

➢ Bringen Sie Ihrem Sohn Kicken bei. Etwas Fußball spielen zu können macht die soziale Integration in die Jungengruppe viel einfacher. Aber auch Mädchen spielen gerne Fußball!

➢ Lassen Sie das Kind eine Ballschule besuchen, wenn es kein gutes Ballgefühl hat.

➢ Ein Waldkindergarten bietet viel Ruhe, es gibt keinen extremen Lärm wie teilweise im Regelkindergarten und er ermöglicht vielfältige Bewegungserfahrungen.

➢ Kinder mit Defiziten im körperlichen Bereich rechtzeitig beim Ergotherapeuten vorstellen oder in Psychomotorikkursen anmelden.

Schrift und Feinmotorik unterstützen

Bei hochbegabten Kindern eilt die intellektuelle Entwicklung voraus, die Feinmotorik ist aber oft nur altersgemäß entwickelt oder sie hinkt sogar hinterher. Pädagogen sprechen hier von einer asynchronen Entwicklung. Viele dieser Kinder wissen ganz genau, wie beispielsweise ein perfekter Kreis aussieht. Sie sind aber durch mangelnde feinmotorische Fähigkeiten noch nicht in der Lage, diesen exakt aufzumalen. Deshalb können hochbegabte Kinder schon früh beginnen, feinmotorische Aufgaben zu vermeiden. Die Feinmotorik wird so nicht mehr umfassend trainiert, es kommt zu Vermeidungsverhalten bis hin zur kompletten Verweigerung. Fachleute sprechen hier von *pencil anxiety*, einer Abneigung gegen den Stift. Wenn Sie einmal versucht haben, mit einem dicken Fausthandschuh an der Hand zu schreiben, können Sie sich in etwa vorstellen, wie sich feinmotorisch sehr ungeschickte Kinder beim Ausmalen und Schreiben fühlen.

Kinder mit Feinmotorikschwäche brauchen oft sehr lange für die Hausaufgaben. Das Schreiben wird dadurch und durch die große Anstrengung, die es kostet, sehr unbeliebt. Viele dieser Kinder sind zwar mündlich gut in der Schule, haben aber Mühe, ihre Gedanken aufs Papier zu bringen. So kommt es, dass sie Aufsätze zum Beispiel möglichst knapp verfassen oder aufgrund von Schreibunlust generell möglichst wenig schriftlich arbeiten. Dadurch bekommen sie nicht nur schlechte Noten, sondern auch zu wenig Übung, denn das Schreiben lernt man durch Schreiben. Manchmal kann dann auch die Rechtschreibung durch die mangelnde Übung mit betroffen sein.

In den oben beschriebenen Fällen empfiehlt es sich dringend, Unterstützung durch Experten, etwa Ergotherapeuten, einzuholen. Fachleute können die Eltern anleiten, wie sie ihre Kinder zu Hause richtig unterstützen können.

Durch vermehrte feinmotorische Angebote erlernt das Kind Frustrationstoleranz, Anstrengungsbereitschaft, Durchhalte- und Planungsvermögen. Es entwickelt Freude an der eigenen Kompetenz, sein Selbstausdruck wird gefördert und die Kreativität unterstützt.

Wenn Ihr Kind nicht gerne malt und schreibt, können Sie Folgendes tun:

➢ Die Schwäche, also das Malen, Basteln und Schreiben, mit den Stärken und Interessen Ihres Kindes verbinden. Beispielsweise kann ein technikbegeistertes Kind Konstruktionspläne zu eigenen Erfindungen aufzeichnen und beschriften.

➢ Bilder wertschätzen, aufhängen, herumzeigen und viele Mal-, Bastel- und Werkmöglichkeiten anbieten. Sie können auch Verwandte oder Bekannte dazu aktivieren, falls Sie selbst nicht gerne malen und werken.

➢ Auf den Prozess achten und nicht auf das Ergebnis, es soll Spaß machen, sich auszudrücken und kreativ zu sein.

➢ Den Kindern erklären, dass man immer besser malen lernt, wenn man es öfter tut.

➢ Ergotherapie in Anspruch nehmen, falls die oben genannten Möglichkeiten zu wenig Wirkung zeigen.

➢ Die Händigkeit vor der Einschulung abklären lassen, falls das Kind den Handgebrauch noch wechselt.

➢ Bei Bedarf Materialien für Linkshänder bereitstellen und auf eine günstige Sitz- und Schreibposition achten.

Grundlegendes / Pädagogisches

Erziehung zwischen Grenzen und Freiraum

„Mein Kind diskutiert über alles und stellt jede Regel erstmal in Frage!"

Diese Aussage hören wir sehr oft von Eltern besonders begabter Kinder, da der Nachwuchs Anweisungen hinterfragt und diese erst akzeptiert, wenn der Grund dafür verstanden wurde.

Diese ständigen Diskussionen sind extrem anstrengend, aber dennoch nötig! Ein Kind muss Grenzen kennenlernen, um sich zu einem vollwertigen Mitglied der menschlichen Gemeinschaft zu entwickeln. Denn nur so lernt es sein Gegenüber wirklich kennen, lernt Kompromisse zu schließen und seine Meinung zu vertreten. Hochbegabung ist also keine Entschuldigung für Fehlverhalten! Getreu dem Motto „was Hänschen nicht lernt, lernt Hans nimmermehr" ist es wichtig, dass Ihr Kind früh lernt, wie es Regeln und Grenzen einhalten kann.

Genauso wichtig wie diese Grenzen ist allerdings Freiraum, damit Ihr Kind selbstständig werden, Selbstbewusstsein und eine eigene Identität entwickeln kann und in der Lage ist, sich allmählich von der Familie loszulösen. Dies alles geht nicht ohne eigene Erfahrungen, die auch einmal negativ sein können. Wichtig ist, dass Ihr Kind diese Erfahrungen selbst machen kann und nicht von Ihnen „in Watte gepackt" wird. Nur so erfährt es natürliche Konsequenzen für sein Handeln, z.B. dass es ohne Hausaufgaben in die Schule gehen muss, wenn es diese nicht machen wollte.

Wählen Sie also bei der Erziehung einen goldenen Mittelweg zwischen Grenzen und Freiraum.

Wie können Sie Ihr Kind unterstützen, sich in diesem Spannungsfeld zurechtzufinden?

➢ Erklären Sie Ihrem Kind den Sinn einer Regel.

➢ Legen Sie Regeln gemeinsam fest und beachten Sie die Interessen des Kindes.

➢ Beschränken Sie sich auf die wirklich wichtigen Grenzen.

➢ Bleiben Sie konsequent – also nicht heute so und morgen anders.

➢ Stellen Sie sich Ihren Ängsten und lassen Sie Ihr Kind selbst Erfahrungen sammeln.

- ➢ Bleiben Sie besonders in der Pubertät mit Ihrem Kind im Gespräch, um ungünstige Entwicklungen mitzubekommen.
- ➢ Holen Sie sich bei Fehlentwicklungen Hilfe von außen. Dafür muss man sich nicht schämen, es beweist Mut.

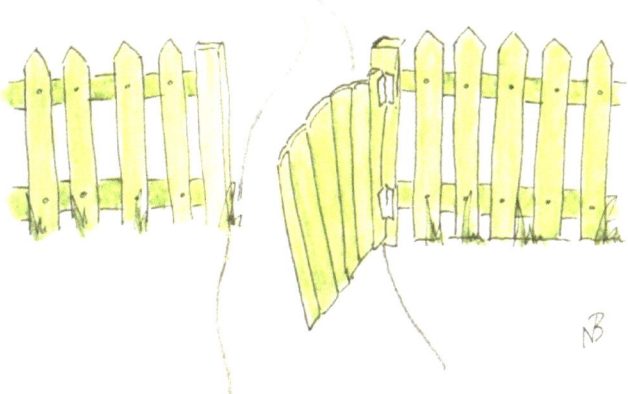

Bindung aufbauen und einen sicheren Hafen bereitstellen

"Zwei Dinge sollten Kinder von ihren Eltern bekommen: Wurzeln und Flügel."

Dieses Zitat wird oftmals Wolfgang von Goethe zugesprochen. Aber gleichgültig, von wem es stammt – einen wahren Kern beinhaltet es auf alle Fälle.

Um selbstständig zu werden, sich selbst in der Welt entfalten und eigene Spuren auf der Erde hinterlassen zu können, benötigen Kinder ein gesundes Grund- und Urvertrauen als Fundament ihrer Persönlichkeitsentwicklung.

Ihr Kind lernt hierbei seine Umwelt als „sicheren Hafen" kennen, von dem aus es später „in die Welt hinaussegeln" kann.

Natürlicherweise bauen Eltern dieses Urvertrauen in den ersten Lebensjahren ihres Kindes auf, indem sie ihr Kind mit Liebe, Wärme und Geborgenheit umgeben.

Aber auch andere Menschen mit enger Bindung zum Kind sind in der Lage, diesen sicheren Hafen entstehen zu lassen, der Voraussetzung für künftige positive Lebenseinstellung, Beziehungsfähigkeit und ein gesundes Selbstwertgefühl ist.

Was unterstützt den Bindungsaufbau?
➢ Versuchen Sie ein durch Schreien geäußertes Bedürfnis Ihres Babys zu erkennen und gehen Sie darauf ein.
➢ Geben Sie Ihrem Baby viel Liebe – es kann nicht zu viel sein!
➢ Beschäftigen Sie sich intensiv mit Ihrem Kind.
➢ Häufiger Haut- und Körperkontakt.
➢ Achten Sie auf klare, sinnvolle Regeln, damit das Kind weiß, woran es ist.
➢ Agieren Sie mit Gelassenheit.
➢ Halten Sie sich an Versprechungen und Abmachungen.
➢ Verhalten Sie sich authentisch: Worte, Taten und Gesten müssen zusammenpassen.
➢ Entschuldigen Sie sich, wenn Ihnen ein Fehler unterlaufen ist.
➢ Nehmen Sie bei Problemen externe Hilfe von Psychologen etc. an!

Die Selbstständigkeit fördern

Die Erziehung zur Selbstständigkeit ist ein wesentlicher und sehr wichtiger Bestandteil der Erziehung. Das Kind selbst pendelt im Laufe seiner Entwicklung immer zwischen den Polen Autonomie und Abhängigkeit hin und her. Dabei verschiebt sich das Gewicht mit zunehmendem Alter immer mehr hin zu Selbstständigkeit und Unabhängigkeit.

Die Eltern können mit dieser Entwicklung teilweise nicht Schritt halten und ersticken so, ohne es zu merken, die Ansätze zu einem selbstbestimmteren Leben. Das kann durch übermäßige Besorgtheit und Überbehüten geschehen oder durch zu starkes Verwöhnen und das Bestreben, dem Kind zu viele Dinge abzunehmen.

Verwöhnen ist für die kindliche Entwicklung sogar gefährlich, es wirkt ebenso schädlich wie Deprivation, das heißt Vernachlässigung. Wenn Kinder nie für sich selbst einstehen mussten, dann fällt es ihnen im Erwachsenenalter oft schwer, ein eigenständiges Leben zu führen, aber auch sich im Job einzuordnen und eigene Bedürfnisse zurückzustellen.

Wenn ein Kind sich in der Welt erprobt und erkennt: ich kann mich in dieser Welt auch ohne Eltern bewähren, dann nimmt sein Selbstvertrauen massiv zu.

Viele Eltern beklagen, dass ihre hochbegabten Kinder zu wenig Selbstvertrauen haben. In der Förderung der Eigenständigkeit liegt ein wichtiger Schlüssel zu gesundem Selbstvertrauen.

Tipps für Eltern:
➢ Lassen Sie das Kind möglichst oft beim Einkaufen und Essen gehen selbst bestellen.
➢ Das Kind kann, je nach Alter, kleine Besorgungen machen, beispielsweise beim Nachbarn Mehl ausleihen oder zum nahe gelegenen Laden alleine einkaufen gehen.
➢ Geben Sie ängstlichen Kindern Mutpunkte, wenn sie sich etwas Neues trauen.
➢ Freuen Sie sich mit dem Kind über seine Selbstständigkeit, statt sie als Affront zu sehen (denken Sie nicht: „Jetzt braucht mich mein Kind nicht mehr!")

- Wenn das Kind etwas wissen will, mit dem Sie sich nicht auskennen, überlegen Sie gemeinsam, wie es an das Wissen kommen könnte („Du könntest deinen Onkel fragen, er weiß da Bescheid, rufe ihn doch an!")

- Hinterfragen Sie Aussagen wie: „Kinder können doch noch nicht allein … Das ist zu gefährlich, es gibt mehr Gewaltverbrechen an Kindern als früher." Die Statistiken sagen anderes!

- Lassen Sie Ihr Kind oft mit entscheiden. Fragen Sie es nach seiner Meinung und seinen Bedürfnissen.

- Fragen Sie Ihr Kind danach, was es einmal alleine probieren möchte. Finden Sie dann gemeinsam eine für Sie selbst ebenfalls passende Möglichkeit.

Probleme in Fähigkeiten verwandeln

Kinder lernen stetig Neues. Deshalb hilft es ihnen, wenn man beispielsweise nicht zu ihnen sagt: „Hör auf zu schlagen!", sondern: „Es ist wichtig, dass du lernst, einen Streit friedlich und mit Worten zu lösen." Wenn Eltern unsicher sind, welche Fähigkeiten sich hinter den Problemen verstecken, dann können sie sich fragen: „Was sollte mein Kind stattdessen tun?"

Ein Kind, welches oft aufsteht, wenn es sitzen sollte, könnte etwa „am Platz sitzen bleiben" üben. Noch ein Beispiel: Die Mutter klagt: „Mein Kind soll nicht dauernd in den Unterricht hineinrufen!" Die passende Frage dazu: „Was könnte es stattdessen tun?" – „Sich melden und nur sprechen, wenn es aufgerufen wird."

Sobald die Probleme „verfähigt" sind, kann man sich daranmachen, die neuen Fähigkeiten zu üben. Dies gelingt jedoch nur, wenn man das Kind ins Boot holt (vgl. Ben Furman 2017). Wenn die Erwachsenen etwas wollen, aber das Kind nicht, dann kann neues Verhalten nicht etabliert werden, es entsteht ein Machtkampf. Die Kinder werden also zunächst informiert, dass es sinnvoll ist, etwas Neues zu lernen. Gemeinsam mit den Eltern sollte jetzt nach Vorteilen gesucht werden. Dazu zählen die direkten Vorteile, die das Kind selbst vom neuen Verhalten hat, aber auch indirekte Vorteile, die es erlangt, weil die Mitmenschen sich dann anders verhalten. Ein Beispiel für die Suche nach Vorteilen: Wenn die Eltern nicht mehr dauernd Hinweise von der Schule erhalten, dass ihr Kind die Regeln nicht befolgt, sind sie glücklicher, schlafen vielleicht besser und haben bessere Laune und spielen dann auch möglicherweise öfter mit dem Kind. Das Kind selbst hätte den direkten Nutzen, dass es besser mit der Lehrerin auskommt und weniger Ärger bekommt.

Wenn das Kind nun zustimmt, dass es diese Fähigkeit lernen möchte, dann kann überlegt werden, wie es sie üben kann. Außerdem wird ein Geheimzeichen oder ein Wort vereinbart, mit dem man es an seine Fähigkeit erinnern kann, falls es diese einmal vergisst. Idealerweise findet das Kind selbst dieses Zeichen oder Wort.

Manchmal kann auch die ganze Familie eine neue Fähigkeit üben. Also etwa die Fähigkeit, bei Konflikten ruhig zu bleiben.

Auch bei hohem Perfektionismus in der ganzen Familie kann das „locker bleiben" von allen gemeinsam geübt werden. Dazu können die Geheimzeichen eingesetzt werden.

Das gemeinsame Üben erleichtert die Sache sehr, weil es nicht alleine das Kind ist, welches noch „unvollkommen" ist. Damit das Kind nicht auf sich allein gestellt ist, kann es sich Helfer wünschen. Zudem kann es ein Krafttier oder eine Figur auswählen, die ihm dabei hilft, z.B. weil dieses die Fähigkeit schon hat.

Wenn das Kind die Fähigkeit gelernt hat, kann man ein kleines Fest veranstalten oder einen Ausflug unternehmen, um dies zu feiern. Das sollte man den Kindern gleich zu Beginn des Programms mitteilen, es erhöht die Motivation.

Folgendes Vorgehen hat sich bewährt (nach Ben Furman, 2017):
- ➢ Fähigkeit benennen.
- ➢ Einprägsamen Namen dafür finden.
- ➢ Krafttier oder Kraftfigur als Helfer etablieren.
- ➢ Nutzen diskutieren und damit das Kind ins Boot holen.
- ➢ Einverständnis des Kindes einholen.
- ➢ Menschen als Helfer benennen.
- ➢ Üben durch zeigen und vormachen.
- ➢ Die Helfer geben dem Kind ausschließlich positives Feedback.
- ➢ Geheimwort oder Geheimzeichen vereinbaren, falls die Fähigkeit einmal vergessen wird.
- ➢ Feiern, wenn die Fähigkeit gelernt wurde.

Lob und Kritik

Für besonders begabte Kinder gilt wie für alle anderen Buben und Mädchen auch: ein Lob unterstützt und verstärkt ein gewünschtes Verhalten. Kann man ein Kind zu viel loben, und ist loben heute vielleicht überholt? Ganz und gar nicht. Doch nennen wir es lieber „positives Feedback geben". Denn diese Rückmeldung an Ihr Kind, die Art, wie Eltern und Pädagogen das Verhalten von Kindern kommentieren und werten, nimmt maßgeblichen Einfluss auf das Selbstbild des Kindes!

Gerade weil besonders begabte Kinder oft Entwicklungsvorsprünge haben und sehr auffassungsschnell sind, gerade weil sie oft kleine Perfektionisten oder große Tonangeber sind: Es hilft, wenn Sie als Eltern mit den Gelingensbedingungen des positiven Feedbacks vertraut sind. Mit Ihren Worten und Gesten beeinflussen Sie direkt die Motivation und die Anstrengungsbereitschaft Ihres Kindes; Sie haben Einfluss darauf, ob es sich eher etwas zutrauen wird, ob es gut durchhalten kann, ob es Herausforderungen annehmen wird, und wie es Stolz empfinden kann.

Ist auch Kritik erlaubt? Selbstverständlich ja; konstruktive Kritik wird dabei stets die Handlungen des Kindes, jedoch nie seine Person an sich betreffen. Sie wird konkrete Vorschläge beinhalten, worauf Ihr Kind bei seinem nächsten Versuch besonders achten könnte. Lob und Kritik sollen deutlich voneinander getrennt werden (kein „gut gemacht, aber ..."), da sonst das vorangegangene Lob durch den Tadel sogleich seine Wirkung verliert!

Wie kann positives Feedback gelingen?

Es ist relevant, WAS Sie loben:

➢ Heben Sie die Anstrengung Ihres Kindes hervor, seine sichtbaren Bemühungen und nicht so sehr das Ergebnis selbst. So ermöglichen Sie ihm Freude über sein Durchhaltevermögen.

➢ Loben Sie seine individuell erreichten Fortschritte, nicht so sehr seine Begabung.

➢ Fragen Sie Ihr Kind „Worüber freust du dich?", „Was hat dir besonders gefallen an deinem ...?". Lob für längst Gekonntes ist für Ihr Kind nicht relevant. Lob erreicht Ihr Kind dann, wenn es betrifft, was ihm wichtig ist.

Es ist relevant, WIE Sie loben:

➤ Feedback soll möglichst konkret sein. Statt „gut gemacht", lieber genau sagen, was Ihnen positiv aufgefallen ist.

➤ Je zeitnaher das Feedback erfolgt, umso stärker wirkt es.

➤ Ihr positives Feedback soll maßvoll, nicht übertrieben sein. Oft reicht ein anerkennendes Nicken, ein Streichen übers Haar, eine kleine Notiz, die Ihr Kind stolz macht.

➤ Beherzigen Sie schließlich die 1:4-Regel. Für jedes Mal Kritik oder Tadel sollten Sie Ihr Kind vier Mal loben.

Wie Sie sprechen ändert alles

Was Erwachsene über die Kinder sprechen, während diese in Hörweite sind, hat tiefgreifende Auswirkungen: Es beeinflusst nachhaltig die Art und Weise, wie die Kinder über sich selbst denken und wie sie sich verhalten. Hochbegabte Kinder haben sehr feine Antennen und eine ausgeprägte Wahrnehmung und hören sehr genau, wenn über sie gesprochen wird.

Wird das Kind Zeuge, wie Sie über seine Anstrengungen, seine harte Arbeit oder seine Empathie und Hilfsbereitschaft sprechen, erwächst Stolz und sein Selbstwertgefühl steigt. Solche Gespräche wirken verstärkend und das erwünschte Verhalten wird potentiell wiederholt.

Umgekehrt jedoch haben negativ getönte Unterhaltungen dramatische Folgen für das Selbstkonzept des Kindes. Das Kind kann den Glauben an sich selbst verlieren, wenn es immer wieder besorgte Erwachsenen-Gespräche hört über sein schlechtes Verhalten oder über seine ungenügenden Schulleistungen. Sein Vertrauen darauf, dass es erfolgreich sein kann, schwindet.

Eltern sollten daher besonders achtsam sein, was sie in Hörweite der Kinder über sie besprechen („referentielles Sprechen").

Dies können Sie beachten:
➢ Sensibilisieren Sie sich für die dramatischen Effekte, die Ihre Unterhaltungen über das Kind bei Ihrem Kind auslösen können.
➢ Wenn Sie wissen oder vermuten, dass es zuhört, betonen Sie in Unterhaltungen gerne seine Anstrengungsbereitschaft und Durchhaltekraft, die es etwa trotz langweiliger Schulstunden zeigt.
➢ Vermeiden Sie in seiner Hörweite Aussagen, die Ihre mögliche Hoffnungslosigkeit oder gar einen Vertrauensverlust in seine Fähigkeiten ausdrücken. (Nicht: „Luca ist einfach ungeschickt, ganz gleich wie sehr er sich auch bemüht!")
➢ „Sie kann sich erst bei schwierigeren Aufgaben richtig konzentrieren, bei leichten Aufgaben macht sie jede Menge Flüchtigkeitsfehler." Aussagen wie diese sind eine willkommene Ausrede für Ihr Kind, sich bei leichten Aufgaben erst gar nicht anzustrengen oder sorgfältig zu arbeiten.

➢ Nutzen Sie die große Kraft des referentiellen Sprechens, um Ihr grundlegendes Vertrauen in Ihr Kind und in seine Gestaltungskraft zu betonen. Sprechen Sie wertschätzend über seine kleinen und größeren Schritte zum Erfolg.

Mit Medien kompetent umgehen

„Wie lange darf mein Kind am Handy, Fernseher, an der Spielekonsole, am Tablet oder am Computer sitzen?" Dies ist eine häufig diskutierte Frage in Familien sowie unter Eltern und Pädagogen. Bekannt ist, dass Gelerntes durch sofortige anschließende Mediennutzung direkt wieder aus dem Gehirn „geblasen" wird. Da Hochbegabte außerdem externe Eindrücke oftmals regelrecht in sich „aufsaugen", hinterlassen Computerspiele, Youtube-Videos oder Playstation-Spiele bei diesen Kindern einen extrem starken Eindruck und die Gefahr einer Sucht ist für Hochbegabte besonders hoch, gerade wenn Medien reflexartig zur Bekämpfung von Langweile eingesetzt werden. Da diese Kinder oftmals auch sehr empathisch sind, haben sie meist Schwierigkeiten, Themen wie Krieg, Terror oder Umweltkatastrophen aus Nachrichtensendungen oder Filmen zu verarbeiten.

Im Gegenzug bieten Internet und Fernsehen gerade für hochbegabte Kinder aber eine unerschöpfliche Informationsquelle für all die Themen, über die sie dringend etwas erfahren möchten. Und auch so manches Lernvideo und Lernspiel hilft ihnen, ganz schnell in erheblicher Tiefe in neue Sachgebiete einzutauchen. Für viele Eltern ist es deshalb eine Entlastung, ihren Kindern dem Alter entsprechend Mediennutzungszeiten einzuräumen. Nicht zu vergessen ist auch, dass ältere Kinder ganz schnell in Klasse oder Freundeskreis zum Außenseiter werden, wenn sie nicht mitreden können oder Termine für Treffen erst gar nicht erfahren.

Um diese positiven Seiten der Medien nutzen zu können, muss Ihr Kind den Umgang mit Medien gezielt erlernen.

Wie können Sie Ihr Kind hierbei unterstützen?
➢ Nach dem Lernen für 30 bis 60 Minuten warten, bevor Medien genutzt werden.
➢ Unterbrechungen beim Lernen, z.B. durchs Handy, sind Gift für die Konzentration, deshalb Handy stumm schalten und weglegen.
➢ Eltern sind Vorbilder! Kein Handy am Esstisch!
➢ Im Vorschulalter reichen 30 Minuten pro Tag. Alternativen zur Förderung am Computer sind beispielsweise Bücher, Tip Toi oder Hörspiele.
➢ 1 Stunde Bildschirmzeit pro Tag ist für Grundschüler genug.

- ➢ Für weiterführende Schulen sollte die Nutzungszeit auf 1,5 Stunden für nicht-schulische Zwecke beschränkt werden.
- ➢ Schauen Sie sich kritische Filme gemeinsam mit Ihrem Kind an und stehen Sie ihm danach als Gesprächspartner zur Verfügung.
- ➢ Apps, die bei übermäßigem Konsum warnen, können Kindern eine Eigenkontrolle vereinfachen.
- ➢ Ältere Kinder sollte man vom reinen Spielen oder Chatten „wegleiten", indem man ihnen sinnvolle andere Nutzungsmöglichkeiten von Medien zeigt.
  - ▪ Eigene Kurzfilme drehen und schneiden
  - ▪ Homepages selbst erstellen
  - ▪ Erlernen das „Handwerkszeugs" zur eigenen Spieleprogrammierung über Programmierkurse oder Computerclubs
  - ▪ Einen Einstieg in die Spieleprogrammierung bieten oftmals Plug-ins, mit denen Ihr Kind einige bestehende Spiele selbst erweitern kann.
- ➢ Robotikbaukästen und Microcontrollerprogrammierung (Arduino, Raspberry-Pi etc.) eröffnen technisch begeisterten Kindern eine Chance, selbst Projekte zu entwickeln, mit denen sie auch an Wettbewerben wie Jugend forscht teilnehmen können.

Mit Lehrern zurechtkommen

Eine gute Beziehung zum Lehrer ist einer der stärksten Einflussfaktoren auf schulischen Erfolg. Wem es gelingt, diese Beziehungen positiv zu gestalten, der trägt bei zu einem gelungenen Miteinander und zu einer günstigen Leistungsentwicklung.

Gute schulische Leistungen erfordern immer auch ein gewisses Maß an Konformität.

Gerade Hochbegabte mit einem hohen Selbstbestimmungswunsch reizt dies zur Rebellion. Für diese Kinder scheint es unerträglich, sich der reinen Wissens-Reproduktion zu ergeben, lieber werden schlechte Noten in Kauf genommen. Helfen Sie Ihrem Kind daher, eine gewisse Großzügigkeit und Gelassenheit gegenüber sich selbst und gegenüber seinen Lehrern zu entwickeln.

Schätzungen zufolge kann ein wirklich fantastischer Lehrer bis zu sechs – vier mittlere und zwei wenig engagierte – Lehrer wettmachen. Die positiven Erfahrungen mit diesem besonderen Erwachsenen „immunisieren" das Kind quasi gegen negative Erfahrungen bei anderen Lehrern. Ihr Kind sollte daher seine fantastischen Lehrer kennen und sie bewusst als Tankstellen im Schulgeschehen nutzen.

Das können Sie tun:

➢ Machen Sie Lehrer „sichtbar". Das Kind fertigt in jedem Schuljahr eine Liste seiner Lehrer an und markiert darauf seine(n) herausragenden Lehrer. Ergänzende – kritische – Kennzeichnungen sind natürlich ebenfalls möglich. Dieses Kennzeichnen schärft die Wahrnehmung für besonders positive Personen und Ereignisse in der Schulzeit.

➢ Eröffnen Sie Ihrem Kind die Freiheit, seine eigenen und die schulisch erwarteten Lösungen nebeneinander gelten zu lassen (bei Multiple-Choice Aufgaben etwa, die wahrscheinlich gewünschte Lösung anzukreuzen und ggf. eigene Bemerkungen hinzuzufügen, anstatt alle Antwortvorgaben einfach kompromisslos durchzustreichen)

➢ Bleiben Sie als Eltern immer im Gespräch mit den Lehrern.

➢ Wie Sie als Eltern über Lehrer sprechen, prägt maßgeblich die Einstellung Ihres Kindes zu diesen Bezugspersonen. Vielleicht sprechen Sie abschätzig über „schlechte Lehrer", die „unfähig" und „inkompetent" seien. Auch wenn Ihr Urteil rechtens sein mag, Ihre Worte verleihen dem Kind Macht über seine Lehrer, da es sich mit Ihnen gegen die Lehrer verbünden kann. In den meisten Fällen wird sich dies ungünstig auf seine Motivation und seine Leistungsbereitschaft auswirken.

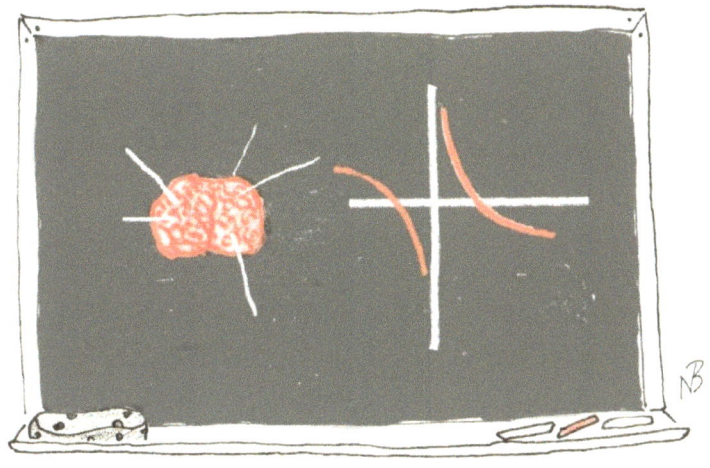

Sich informieren, austauschen und engagieren

„Muss ich jetzt anders erziehen?", „Welche Auswirkungen hat die Hochbegabung auf die restliche Familie?", „Auf welche Schule soll mein Kind gehen?" Diese oder ähnliche Fragen stellen sich viele Eltern hochbegabter Kinder.

Sie als Eltern sind die „Spezialisten" für Ihr Kind! Sie kennen seine Bedürfnisse, seine Interessen, Fähigkeiten und Eigenschaften von klein auf und können damit selbst die besten Antworten auf diese Fragen finden.

Voraussetzung ist hierbei, dass Sie sich informieren. Denn nur wer beispielsweise weiß, welche Förderung die Schule in Ihrem Stadtteil bietet, was die Vor- und Nachteile im Umkreis erreichbarer Montessori-Schulen sind oder für welche Kinder sich eine Hochbegabten-Klasse eignet, kann gemeinsam mit seinem Kind die passenden Entscheidungen treffen.

Und wer sich mit dem Thema Hochbegabung auskennt, kann auftretende Probleme oftmals frühzeitig erkennen und in Zusammenarbeit mit Pädagogen die Weichen für eine günstige Entwicklung stellen.

Wie erhalten Sie diese Informationen?
➢ Nutzen Sie Beratungsmöglichkeiten, wie z.B. Beratungsangebote von Vereinen, Schulberatungsstellen oder Psychologen.
➢ Informieren Sie sich über Bücher – Empfehlungen finden sich im Literaturverzeichnis am Ende dieses Buches.
➢ Besuchen Sie Vorträge und Diskussionsabende zum Thema Hochbegabung.
➢ Begabtenfördervereine bieten oftmals Möglichkeiten zum Erfahrungsaustausch in Form von Elterntreffen, um Meinungen und Tipps anderer Eltern zu erhalten.
➢ Familienausflüge und -aktivitäten von Begabtenfördervereinen bieten die Chance, mit anderen Eltern ins Gespräch zu kommen, während der Nachwuchs neue Freunde kennenlernt.
➢ Sollten Sie weiter weg wohnen, nutzen Sie Informationen im Internet unter dem Stichwort „Hochbegabung", Online-Seminare und Interessensgruppen in sozialen Medien.

➤ Engagieren Sie sich im Elternbeirat, in Eltern-/Lehrerkonferenzen etc., damit Sie über die Möglichkeiten an den Schulen informiert sind und Lösungen selbst mit ausgestalten können.

Zu guter Letzt

Wir hoffen sehr, dass Sie dem *ELIXIR* viele Ideen und Informationen entnehmen konnten und nun Ihr Kind gelassener und entspannter beim Heranwachsen begleiten können. Unser Tipp zuletzt: schreiben Sie sich mindestens eine oder zwei der Empfehlungen heraus, die Sie als besonders passend und wertvoll empfinden. Und beobachten Sie, was passiert, wenn Sie diese etwa zwei Wochen lang in Ihrer Familie umsetzen!

Damit dieses Buch auch in Zukunft den größtmöglichen Nutzen für alle Leser bieten kann, freuen wir uns auf Ihre Kommentare und Anregungen und sind auch an Ihren Erfahrungen bei der Umsetzung unserer Empfehlungen sehr interessiert. Durch Ihre Mitwirkung werden wir diesen Leitfaden immer wieder ergänzen und aktualisieren, um die ganzheitliche Entwicklung hochbegabter Kinder noch hilfreicher zu begleiten.

Andrea Hüther, Barbara Saring, Sonja Kaesen

Über die Autorinnen

Andrea Hüther

Diplom-Psychologin, Mitglied im Arbeitskreis Hochbegabung des Berufsverband Deutscher Psychologen, Klinische Psychologin (LMU), Heilpraktikerin für Psychotherapie. Inhaberin von Pfiff München, kinderpsychologische Praxis für Begabungsdiagnostik und Hochbegabung. Ihr Arbeitsschwerpunkt liegt im Bereich Kinder und junge Erwachsene. Sie praktiziert seit 1998 in diesem Bereich und kann mittlerweile auf die Erfahrung aus mindestens 2.000 Fällen zurückgreifen. Neben der Begabungsdiagnostik bietet sie auch die weitere Begleitung der Familien an, außerdem Beratung, Coaching und Kinderpsychotherapie.
Web: www.pfifff.de

Barbara Saring

Diplom-Kauffrau (LMU), Specialist in Coaching the Gifted (ECHA), Begabungspädagogin, zertifizierter Lerncoach (ILE) und Expertin für Underachievement. Inhaber des Münchner Instituts für Begabtenförderung „ConfidentMinds". Sie ist spezialisiert auf die professionelle Begleitung hochbegabter Kinder und Jugendlicher, insbesondere in Underachievement-Situationen. Ihr Schwerpunkt liegt in der Förderung des selbstregulierten und eigenverantwortlichen Lernens, der Entwicklung einer günstigen Schulmotivation sowie Marburger Konzentrationstrainings.
Web: www.confidentminds.de

Sonja Kaesen

Diplom-Volkswirtin Univ., langjährige Tätigkeit im Bereich Finanzmathematik/Controlling, Specialist in Coaching the Gifted (ECHA), zertifizierter Lerncoach (ILE).

Seit vielen Jahren im Vorstand der Deutschen Gesellschaft für das hochbegabte Kind (DGhK), Regionalverein Bayern e.V., in wechselnden Aufgabenbereichen tätig.

Aktueller Schwerpunkt: Beratung von Eltern hochbegabter Kinder und Organisation von Austausch- und Informationsmöglichkeiten für Eltern

E-Mail: sonja@kaesen.de

Über die Illustratorin

Nina Binder erwarb im Juli 2019 ihre Allgemeine Hochschulreife in München und arbeitet seitdem als freiberufliche Illustratorin. Schon in der Schulzeit belegte sie häufig Mappen- und Zeichenkurse zur Verfeinerung ihrer Technik. Während eines Auslandsaufenthaltes in London vertiefte sie ihr Interesse für Kunst und Design und absolvierte dort auch die A Levels. Zurzeit belegt sie einen dreimonatigen Mappen-Kurs in Berlin, um sich auf ein Designstudium ab dem Sommersemester 2020 vorzubereiten.

Münchner Zirkel Hochbegabung

Auf Initiative der Autorinnen wurde 2015 der „Münchner Zirkel Hochbegabung" ins Leben gerufen, ein Kompetenz-Netzwerk für den professionellen fachlichen Dialog in der Beratung, Begleitung und Förderung von Hochbegabten in München.

Web: www.muenchnerzirkel-hochbegabung.de

European Talent Support Network

Die Autorinnen sind akkreditiert als „European Talent Points" im European Talent Support Network. Das europäische Hochbegabungsnetzwerk vereint über 400 Talent Points in 44 Ländern, die langjährig erfolgreich in der Begabtenförderung und Begabungsforschung aktiv sind (Stand 2020).

Web: www.etsn.eu

Literaturliste

Um diese Liste übersichtlich zu halten, wurden lediglich die „Lieblingsbücher" der Autorinnen aufgeführt, welche immer wieder zu Rate gezogen werden.

Hilfe – ich bin hochbegabt! Mit schlauen Füchsen unterwegs
Wais, Mathias. Mayer (2014)

Hochbegabte Kinder klug begleiten – ein Handbuch für Eltern
Arnold, Dietrich / Preckel, Franzis. Beltz (2011)

Hochbegabte Kinder. Ihre Eltern, ihre Lehrer. Ein Ratgeber
James T. Webb, Elizabeth A. Meckstroth, et al. Huber, Bern, 5. Aufl. (2006)

Hochbegabte Kinder – Das große Handbuch für Eltern
Webb, James T./ Gore, Janet / Amend, Edward / DeVries Arlene. Hans Huber (2012)

Hoch begabt – und trotzdem glücklich: Was Eltern, Kindergarten und Schule tun können, damit die klügsten Kinder nicht die Dummen sind
Müller, Götz, Horsch, Herbert, Spicher, Hermann-Joseph. Oberstebrink (2013)

Kleine Menschen – ganz groß – schon vor der Schule
Krüger, Christina Monsenstein & Vannerdat. Verlagshaus (2003)

Komm raus, ich seh dich!
Von Glück, Selbstwirksamkeit und Wachsen hochsensibler und hochbegabter Kinder
Karres, Britta. Festland Verlag (2016)

Lichtblick für helle Köpfe - Ein Wegweiser zur Erkennung und Förderung von hohen Fähigkeiten bei Kindern und Jugendlichen auf allen Schulstufen
Huser, Joelle. Lehrmittelverlag des Kantons Zürich (2007)

Mit intelligenten Kindern intelligent umgehen: Ratgeber für Eltern, Lehrer und Erzieher von hochbegabten Kindern
Christa Rüssmann-Stöhr und Hagen Seibt. Info3 Verlag (2015)

Mut zur Begabung

Landau, Erika. Ernst Reinhardt Verlag München/Basel (1999)

The Underachieving Gifted Child: Recognizing, Understanding, and Reversing Underachievement

Siegle, Del. Prufrock Press (2012)

Why Bright Kids Get Poor Grades and What You Can Do about It: A Six-Step Program for Parents and Teachers

Rimm, Sylvia. Great Potential Press (2008)

Wie anstrengende Kinder zu großartigen Erwachsenen werden: Der Erziehungsratgeber für besonders geforderte Eltern

Sheedy Kurcinka, Mary. mvg Verlag (2017)

Erziehungsratgeber – nicht speziell für Eltern hochbegabter Kinder

Bausteine der kindlichen Entwicklung

Ayres, Jean. Springer Verlag (1998)

Der große Erziehungsberater

Rogge, Jan-Uwe. Rowohlt Taschenbuch Verlag (2005)

Die Gesetze des Schulerfolgs

Timm, Adolf. Kallmeyer (2009)

Empfindsamkeit erkennen, verstehen und nutzen

Aron, Dr. Elaine N.. mvg Verlag, 2005

Ich schaffs!

Furmann, Ben. Carl-Auer-Systeme (2017)

Ist mein Kind schulfähig?

Krenz, Armin. Kösel Verlag (2004)